谜者仰融

博 奇◎著

ZHEJIANG UNIVERSITY PRESS
浙江大学出版社

目录

第三章

上　市

第四章

拯救金杯客车

第五章

打造中华车（上）

迷雾下的真相

提及中国汽车工业,仰融无论如何都是一个避不开的人物。

几十年来,汽车界昏昏暗暗,而仰融的偶然闯入则使黯淡的背景下出现一丝亮色。他就像一块石碑,倔强地矗立在那里,成为任何一个试图追忆中国商业史的作者都难以回避的障碍。

关于仰融,似乎总有说不完的话题,譬如迅速崛起、巨额财富、阒然落马,无不夺人眼球。而他也总是保持神秘,置身云雾之间,于无声处听惊雷,引发各种热议与争论,却始终难见其真容。中国商业史上,怪人层出不穷,如仰融这样令人困惑不解者,实在少有。在各种作品中,他渐渐成为一尊风化的雕塑,面目全非。

本书在写作过程中并未回避关于仰融的种种传闻,尽管放弃了许多有趣的细节,但也保留了相当的桥段,比如他早年在江阴乡间的经历等。当然,传言多半不可考据,但是也并不能排除非有,将其列出也只是提供一种多样化的认知观点,其间是非曲直、因果缘由委实难以判断。不过这并不足以撼动仰融故事的主线,更何况他本身就是一个充满迷奇和争议的人物,传闻众多其实并不为怪。

仰融的故事,看似迷乱,实则清晰。那不过是将特定时空下,个人说不清道不明的发家史、"红帽子"企业的产权问题、合资公司与国有企业各自生存与较量、资本市场从乱到治的过程、汽车工业发展的初级阶段,以及政商博弈的波谲云诡一一呈现,放大数倍,倒映商业变迁之真相。

以历史的眼光来看,那些坊间流传的各种传说,媒体的猜测与联想,实在不足以混淆大趋势。关于仰融的种种疑惑或疑问,不过是严肃背景下的趣味作料,难以跳出历史的框架。鲁迅向来不惮以最坏的恶意来揣测国人,商业上的人性善恶与利益较量,往坏处想,无非是个人私欲的体现。而一旦牵扯进这层关系,即便清白,也可以指鹿为马;即便罪恶,也可能逃脱法网。

商场如海,看似深邃,说穿了,尽是人事。人事可大可小,商业有起有伏。

无数的故事串联成一段起伏不定的历史曲线,仰融只不过是波浪线上一个有代表意义的片段。正如物理学中关于声波的计算有一套通用公式,商业人物的追述便是对整个历史曲线的梳理和推导。但仰融这个样本所呈现出来的悲壮、无奈、残酷与伤痛,令人心寒,真希望这只是一个小概率事件。

然而,历史的僵硬无情在于不以人的意志为转移,但以落后换取教训,代价着实沉重,过犹不及。

此书的结稿昭示着一段商业回忆的结束,同时也意味着艰难写作的告一段落。书中的那些人物或狡黠、或精明、或诚恳,无一例外将成为笔者今后写作道路上鲜活的标本,他们的故事在书本外延续,是解读这个国家商业变迁的真实注解。

　　本书之前，从未想过仰融会成为笔下的主角。他的故事尽管精彩，却避讳颇多。不得不承认，追述这个极富争议的人物是一件苦差事，如果不是他身后那张扑朔迷离的大网引人入胜，这部书稿或许早就被扔进垃圾箱，遑论付梓出版。而由于种种原因，书稿的面世也是费尽周折。

　　当然，正如一个记者不可能告诉你他所知道的一切，你永远不能指望一个作者可以洞穿一切。实际上，他所知不过事实冰川的微小一角。尽管一再补缺堵漏，但这本满怀诚意的小书势必会存在种种纰漏，它们的存在令人无奈且遗憾。

　　就在这篇小文章完成之际，北京大雨滂沱而至，瞬间天昏地暗，狂风骤起，短暂肆虐后旋即告退，雨停风住，一切归复平静，夏夜清凉，宛如历史回音。多少风流人物就这样来了又去，多少峥嵘岁月消逝于四时循环往复。

引　子

越洋电话

世事的起伏本来就是波浪式的,人们要是能够趁着高潮一往直前,一定可以功成名就;要是不能把握时机,就要终生蹭蹬,一事无成。

——莎士比亚

对于大多数汽车制造商来说,21 世纪第一个 10 年的最后两年显得异常艰难。

从 2007 年年末开始,石油价格攀升,钢铁涨势生猛,银行信贷紧缩,经济形势低迷,消费信心受挫,汽车销量骤减,亏损传闻层出不穷,罢工此起彼伏……衰败的气息扑面而来,汽车业风光不再,形势一落千丈。

经济危机大爆发的 2008 年,正值通用汽车百岁诞辰;距离亨利·福特生产出第一辆 T 型车,也已经有一个世纪的光景。

然而,底特律却无心庆祝。这一年,通用汽车从全球第一大汽车制造商的宝座上跌落,福特公司还在为工会问题苦恼,克莱斯勒公司推出不久的新产品因油耗过大而无人问津。

预想的欢庆之年,竟成衰败转折点,惨淡之极。

彼时,"汽车城"底特律阴云重重,到处充斥着垂死挣扎的失意与无奈。昔日繁忙的工厂死气沉沉,流水线时常处于停工状态,工人们无所事事,失望之情溢于言表;街道上,人人愁容满面,流浪汉丢弃的酒瓶随处可见,失业人数不断飙升,原本糟糕的社会治安更加混乱不堪;打折促销已经勾不起人们的任何兴致,有人准备逃离,房屋与汽车被弃之不顾。

唯一仅存的体面是"三巨头"(通用汽车公司、福特公司和克莱斯勒公司)总部大楼,尽管玻璃幕墙仍旧流光溢彩,但不景气的氛围却难以遮掩:为支付租金,一些汽车制造厂被列入改造名单,按照计划,它们将被分批改建成农场。而一个世纪前,情形恰恰相反。

繁华与落寞,相生相伴。期间兴衰转换,有如天堂地狱之别。

时光倒溯,在通用和福特大受欢迎的20世纪50年代,从废墟上建起的德国大众开始生产平民汽车,"甲壳虫"由此大卖,并像蝗虫般登陆美国;日本,丰田刚刚研发出第一款"皇冠",便急不可耐地推向美国市场。

美国人当时正陶醉于汽车帝国的辉煌中,志得意满。因此当1957年8月,爬上美国口岸的两辆丰田车,由于马力不足最终没能在高速公路上跑起来时,美国媒体多以此为笑谈,未察觉其中包含的巨大野心。

岁月无声,流年暗转。2008年,丰田取代通用,登上"世界第一"的宝座。"丰田时代"如日中天,美国梦瞬间黯淡,亨利·福特的子孙们颜面无光。世界在迎来送往中变换模样,令人唏嘘不已,感慨万千。

2009年6月1日晚8点,通用汽车正式进入破产保护程序,"百年老店"轰然坍塌。

整个初夏，底特律河畔哀鸿遍野，景象颓然。几千公里外的洛杉矶，一位头发竖立、精神矍铄的中国人，正不动声色地打量着眼前的一切。

这年，他52岁，已过"知天命"之年，却仍旧不甘落寞，把留了几十年的"大背头"剪掉，换成"板寸"，威严依旧，但气质迥然，看起来似乎年轻不少。经过多年磨炼，他变得越发成熟老到，不但遇事从容冷静，而且头脑理智、思维敏捷。尽管早已不是容易激动的年纪，但汽车界的这场大变局，还是激起了他内心无限的涟漪。

虽远隔千里，但他心有戚戚，注定难以置身事外。实际上，他本人也曾是中国汽车界呼风唤雨的一位人物。但世事无常，造化弄人，数年来，他只能客居异国，冷眼旁观。如今，汽车界风云渐起，局势大变，似乎勾起他对往事的回忆，抑或拨动了他不甘寂寞的心弦。

而此时，早年布下的棋局已然成形，他似乎要有所行动了……

2009年6月23日，星期二，北京阳光明媚。

东城区兴化东里的一幢写字楼上，《经济观察报》编辑部气氛紧张。这是一份已经成立八年的经济类周报，以观察家自居，颇受市场欢迎。

在这家机构供职的编辑、记者多是三十上下的年轻人，富有理想，朝气蓬勃。此时，他们个个奔忙不停，找选题、做采访、写稿子，都在为新一期报纸忙碌。事实上，对于其中一部分人来说，这段时间简直是难得的好日子：经济危机愈演愈烈，新闻层出不穷，大多数时候，根本用不着像以往那样辛苦，新闻便会自动找上门来，而且往往颇具爆炸效果。

这天下午3点，一部电话机突然响起来。

号码显示电话来自美国洛杉矶，此时那里已是子夜。出于职业敏感，一位记者麻利地拿起话筒，电话另一端的声音略带苍老，自称"仰融"，这令这位记者兴奋不已，甚至整个办公室都在一瞬间气氛凝重。要知道，这个名字以其背后巨大的谜局，总能激起新闻工作者的好奇心与探究欲。多年来，此人神龙见首不见尾，行踪诡秘，极少在媒体露面。如今，居然主动现身，定然大有玄机。

报社自然不肯放过这个独家消息，另外两名记者也加入进来。采访从午后开始，一直进行到太阳西沉，历时三个多小时。

期间，仰融始终保持专注，对于敏感话题，"既急迫，又宽容"，仿佛有无尽的话要说，可话到嘴边，总是欲言又止，给听者留下巨大的想象空间。他谈到七年前的出走，但语焉不详，最多的一句话是"水落石不出，对事不对人"，这十个字，重复了七八遍；他还向记者详细描述了自己的"造车计划"：中国和美国同时展开，先期整车制造总产能 400 万辆，发动机 600 万台。记者说这是"复活"，他赶紧纠正——"重出江湖"，好大喜功的本性展露无疑。他多年前的出走，或许与此性格不无关系。而今，他已年过五十，深感时不我待，决心要"快马加鞭，把失去的时间给抢回来"。

此时，世界汽车业乱象丛生，美国三巨头一死二伤，欧洲车阵脚大乱，日本车频频召回，唯独中国市场需求旺盛，选在此时出山，可谓得"天时"。

几天后，《经济观察报》推出重磅新闻：《仰融越洋来电：我想回来》。一时间，中国汽车界为之沸腾。有人拍手叫好，有人猜测质疑，还有人称之为"骗子"、"疯子"，把他的"千亿造车"计划看做天方夜谭，在茶余饭后拿来调侃。

中国的事情一向如此：众说纷纭，莫衷一是，不是极左，便是偏右，极少出现理性判断；所谓中庸，也不过是左右摇摆。仰融历来被争议颇多，此时境遇当属意料之中，加之看惯春秋，他已将名誉置之度外。如今，国内汽车界对其褒贬不一，恰恰说明他虽已过气，但未被遗忘，甚至"买账者"众多。只待时机成熟，招手一挥，仍旧应者景从。

许多时候，媒体的参与常常令事件发展超乎预料。

不久后，《经济观察报》的这篇独家报道被大小媒体纷纷转载，几个门户网站以此制作专题，一些编辑甚至添加个人附会与想象，把此事炒得沸沸扬扬。很快，围绕"仰融造车"，喧闹从汽车界迅速扩展至社会上下。一时间，"仰融"再次成为热门话题，从阡陌到市井，从乡间到都市，几乎所有人都满怀好奇，想对他一探究竟。

整个夏天，这位逃避国外的"通缉犯"引起巨大轰动，风光热闹不输当年。对此，如果要作一解释，唯一的原因便是，此人身后谜团巨大：众说纷纭的身世、离奇上市、让人眼花缭乱的资本运作，意外出局、鲜为人知的异国岁月，以及扑朔迷离的"二次造车"。

毋庸置疑，神秘离奇的经历总能加重世人的好奇心。仰融素以狂人面世，历来行踪诡秘，令人难以捉摸。如今，竟以戴罪之身在美国抛出造车计划，想要"回国造车"，出手之大方、气魄之慷慨、声势之浩大，前所未见，无一不令人称奇。

然而，仰融此时虽身价不菲，但以一己之力，恐难支撑如此庞大计划；再者，回国造车只是一厢情愿，地方政府能否容许"罪人"回归，态度含糊不清，事件疑窦丛生。然而，仰融已无退路，如何收场，成为最大谜局。

有时候，人们终其一生，实际上是在做同一件事情。仰融身上，有太多谜团未被解开，太多行为不被理解。他的人生，似乎总是与谜有关。

假如记忆足够深刻，历史就不会被遗忘。

把时间拉回十年前的沈阳冬天。"中华"牌轿车下线仪式上，仰融难以抑制心中喜悦，高举"中华第一车"书法，向每一位到场者展示，且出语豪迈："到2006年，中国汽车业滩头阵地上唯一敢和外国企业叫板的，是我华晨。"

充满戏谑意味的是，他没能看到那天，甚至尚未把"中华"车投放市场，就不得不离开。

2002年春末的一天，仰融从上海飞往山西，到五台山登顶拜佛，询问前程；千里之外的沈阳，密谋筹划之后，早已布下"重重杀阵"，只待他自投罗网。5月，仰融风闻剧变，携妻仓皇出逃，远避美国洛杉矶。随后，辽宁检察院对其发布通缉令，华晨"董事长"、"董事局主席"职务被撤，遭此巨变，仰融顿成孤家寡人。

由此之后，华晨残局，零落数年。

四年后的2006年，中国汽车市场风生水起，外资、合资、自主品牌杀伐不断，而最早扛起"自主汽车品牌"大旗的华晨则不见起色，反而步步沉沦，距离世纪初的那个宏伟愿景，越走越远。

猛回头已是百年身。如今，仰融的声音漂洋过海，穿越时空，将时间拉回那段或风光、或无奈的岁月。因之，其人其事，情景再现。

第一章　不安分的年轻人

一个人可以长久隐忍，却难在成名后超脱。很长时间内，仰融始终把自己包装成一个谜。为此，他有意模糊人生的早期经历，甚至刻意隐讳、雕饰。

"羚羊挂角，无迹可寻。"仰融的青春时代，似乎只存在于传说和流言中。尽管大多数情况下，传言未必为实，但真真假假，终究不会太过离谱。更何况，人们真正关心的是能否触摸到一个鲜活的生命轮廓，细节真伪反倒其次。由此，长盛不衰的小道消息中，一个不安分的年轻人粉墨登场。

1

迷奇身世

1957年,丰田车登陆美洲大陆时,在太平洋另一端的中国,仰融出生。然而,他与汽车产生联系,至少还要再等34年。这段人生经历,多数鲜为人知,即便留有文字记载,也是众说纷纭,尤为扑朔迷离。

关于仰融是哪里人,历来说法不一。有人说他是安徽人,其豪爽细腻的性格,似乎与安徽人颇为相似;有人则说仰融实际上是江苏江阴人,因为当地民间关于他的故事流传甚广,稍微上年纪的人都知道他;也有人折中,说仰融祖籍安徽,仰家后来迁居江苏。

成名之后,仰融曾在人前自称是安徽徽州人。然而,大多数人则认为,这其实是他一贯玩弄的小花招,是在刻意掩饰一些不为人知的经历。人们这样想的时候,实际上是已经默认了他的江苏人身份。一个被广泛取信的说法是,仰融出生于江阴市北国镇(也写作北㵎镇)一户普通人家。

尽管有传闻认为,仰融的姓氏是假的,因为百家姓中没有"仰"这个姓。但传闻毕竟是传闻,实际上,据仰融小时的玩伴称,他从小就姓"仰"。

仰融兄弟姐妹众多。一说是兄弟4人;一说是兄弟5人,上有4位兄长;另一说则是,兄弟姐妹一共5人,上有一兄一姐,下有一弟一妹。然而,上述说法均无佐证。唯一可以肯定的是,仰家人丁兴旺,仰融有一个名叫仰翱的哥哥,此人颇有生意头脑,在后文还会出现多次。

那时的中国,普通人家养育四五个子女是很常见的事情,并不出奇。20世纪50年代,冷战阴影下,国家把人口视作财富,极力提倡生育。仰融出生这年,中国人口暴增千万。因为提议控制人口,北京大学校长马寅初遭受批判。

然而,人口急速增长的背后是生活质量的迅速下降。时值计划经济潮起,一切生活资料均凭票供给,加之农业发展落后,粮食供应紧张,百姓多为温饱发愁。子女众多的家庭,生活之艰辛可想而知。

或许是希望他能够勇敢地面对生活,仰融出生后被取名为"勇",全名仰勇。后来,他长大成人,果然勇气过人,胆识超群。只是世殊事异,某一天,他心血来潮,把名字中的"勇"字改作"融"字,取名仰融。其中缘由细节被好事者传议,并衍生出诸多版本,更是增加了仰融的神秘色彩。

待到日后身价大涨,成为名噪一时的富翁,江阴当地人才突然明白,天下皆知的"仰融"原来就是当年北国镇的"仰勇"。至于那时,仰融的人生从一个谜局切换到另一个迷局,则是后话。

此时,以仰融之年少,不一定能领略"勇"字含义,但他自幼吃苦、饱尝艰辛确是事实。据传,仰融很小的时候母亲便去世,父亲一手把他拉扯长大。但其中辛酸苦辣、种种细节,仰融从未提及,外人不得而知。

如果不是时代使然,以仰家之贫困,仰融恐怕难以入学读书。然而,仰融似乎并不珍惜学习机会。据江阴民间传言,少时的仰融"人很聪明,但不安分",表现之一是:"学习不用功",还"经常捣蛋"。仰融在学业上并无任何过人之处,初中毕业后,进入北国镇一家饭店做学徒,学业由此中断。

多年之后,仰融事业有成,向媒体公开宣称曾获得西南财经大学经济学博士学位,引起众多质疑。一些所谓的少年同学更是认为其中大有玄虚,甚至怀疑他的学历多半是假造。对此,仰融不置可否。由此,学历成谜,一直悬而未解。当然,争议归争议,不排除仰融在发迹后入学深造镀金的可能。与他同时代的那些企业家中,这样的例子并不罕见。

无论如何,个人命运总是被打上深深的时代烙印,洗脱不去,成为风干历史的鲜活见证。

日后多年间,仰融一再保持神秘,甚至故意玩弄花招,制造玄虚,似乎是在自我包装。但任其翻云覆雨,手段迭出,却逃脱不掉时代大背景对个人命运的掣肘。站在历史的高度审视过往,仰融迷奇身世不仅无碍大局,反而提供了一个珍贵的另类样本。

由此,粗犷浑厚的历史画卷中,平添几许留白。

2

初入江湖

仰融出生的 20 世纪 50 年代末,中国仍在"关起门来闹革命"。

解决人民内部矛盾的指示下,"整风运动"与"反右斗争"风潮渐起,大批知识分子被划为右派。战争与军队是文艺作品的主题,最受欢迎的电影是《上甘岭》,主题歌《我的祖国》红极一时。国家提出"15 年赶超英国",口号盛大,轰轰烈烈的"大跃进"由此开始。

激进的气息,混杂着"赶美超英"的紧迫感,以及大踏步前进的豪迈与悲壮,在社会上氤氲而起,由表及里,渗透进每一个中国人的灵魂深处。

如此背景下成长起来的仰融不可避免地沾染上独特的时代气质。他性格中行侠仗义、聪慧机敏的成分与日俱增,并在时代激发下充沛丰盈地流露出来。

自从进入饭店工作,仰融立刻精神大振,进步神速。与呆板的课堂相比,丰富庞杂的俗世生活似乎更能激发他的兴趣。他从学徒开始,先做跑堂,后到帮工,因为机灵乖巧,深得赏识,很快便开始跟大厨学艺。出师不久,仰融便从偏僻小镇来到江阴县城,在一家大饭店做厨师。

多年后,仰融对前来采访的记者回顾一生,把1991年收购沈阳金杯汽车公司(简称金杯汽车)股票视作人生一大转折。然而,少年便踏入社会,摸爬滚打中丰富眼界、磨砺性情,对其影响之深远,似乎不在前者之下。

一入江湖深似海。自从进入江阴城,仰融便开始广泛结交朋友,豪侠仗义,不拘小节,名声一点点地积累起来。其中,有这么一则事迹流传甚广:

仰融在饭店当厨师时,有一天一帮朋友到饭店找他,他亲自操刀,摆了一桌好酒菜,还自作主张,把饭店冰箱里的鲥鱼拿出来,杀洗干净,做成红烧鲥鱼,招待朋友。鲥鱼位列长江三鲜之首,自古便是江南名菜,因极其稀有,价格不菲,普通人能吃上鲥鱼是莫大的享受。当日,仰融把鲥鱼端上饭桌时,着实令那帮朋友吃惊。饭后,他不收朋友分文,更令人刮目相看。

仰融血液中大胆豪迈、做事不计后果的江湖脾性,由此可见一斑。据说,因此一事,仰融当年险些被饭店辞退。但同时,他也因此开始小有名气。从此,江阴城内,关于他的传言日渐丰富。

那时的仰融仍叫"仰勇",身材短小,不足1米65,但天生脑袋硕大,不高的身躯上顶着一颗大脑袋,走到人群中,尤为显眼。加之他天庭饱满,眉毛浓密,双耳长垂,一副贵人之相。一些见过世面的老人们由此断定:此人定非凡人,日后必将飞黄腾达。

然而,这个年轻人却想法简单,他当时最迫切的愿望是换一个更赚钱的工作。那时的中国,春潮涌动,下海成风。

3

从厨师到推销员

年富力强的青年,遇见日益开放的社会,必将碰撞出耀眼火花。从江南小镇上走出来的仰融,很快被改革开放大潮下日新月异的社会所吸引,内心不禁蠢蠢欲动。

改革开放,大路朝天。人们从政治狂热中清醒过来,有了新追求。城市街道上开始出现大众汽车,意大利服装品牌范思哲也被引进来;绿军装、红袖标和语录本已经过时,喇叭裤、蛤蟆镜和卡式录音机大受追捧;电烫发型被视作时尚的标志,公开约会也被允许,恋人们开始手拉手逛公园;结婚"三大件"从手表、自行车、缝纫机变成电视机、电冰箱和洗衣机;情歌《甜蜜蜜》被大肆传唱;体现国家形象的机场墙壁上出现裸体壁画,这被当做社会开化的标志。

万象更新,风气陡然转变。一时间,"政治正确"让位给"发财致富",大众对政治的热情逐渐转移到物质与消费上,人们开始把贫穷视作"可耻",纷纷寻求致富之路——摆地摊、开小店，争当"个体户"、"万元户"。即便是一向清高的知识分子也不再安贫乐道，公开地谈钱、谈待遇。

年轻人不安分的天性被激发出来。仰融原本就不安分，此时已不满足于在县城做一名厨师，于是辞去工作，翻身下海。

多数后来的记录者认为，仰融创业的第一步是从江阴街头的一家小商店开始的。在此前后，卖鸡毛掸子的梁庆德想要做家电，在广东顺德被传为笑话；北京中关村，一间20平方米左右的小平房内，40多岁的柳传志开始创业；上海杨浦，周正毅拿出所有积蓄，开了一家馄饨店；浙江台州，三分之差未能考上大学的李书福开起照相馆，至于汽车，他摸都没摸过。由此看来，对于积蓄微薄、毫无商业经验的仰融来说，这样的起步虽然寒酸，却不意外。

然而，与上述人物不同的是，仰融的兴趣很快发生转移。据一些当地人回忆，小商店没开多久便关门大吉，时间之短暂，以至于许多人都没来得及弄明白仰融到底是在卖什么。

这段个体户经历仓促而神秘。有人说，仰融一定是赔了本；也有人说，他又不安分起来。但期间到底发生了什么，人们不得而知。

众所周知，实体经营需要管理经验和商业头脑，而那时的仰融，既无经验也无头脑，平白无趣的小买卖对其毫无吸引力。于是，没过多久，他便进入江阴当地一家外贸公司，当起推销员。

仰融的推销经历和个体户生涯一样，在有限的文字记录中，多是被一笔带过。个人历史的空白，容易滋生出种种联想与想象，为坊间传闻留下空间，也为日后仰融肆意发挥提供了可能。

据说，仰融在外贸公司干过很长一段时间，甚至有"好多年"。然而，这似乎又和他性格中不安分的一面相矛盾。如果传言为真，唯一的解释是，推销员工作和仰融个人性格的某些方面发生奇妙的耦合，才使他能够如此长久地坚持一份工作。

当时，信息流通不畅，资讯不像现代这么发达，产品销售大多依赖订单和推销，由此，推销员成为一个热门职业。而这个工作不需要任何技术，基本要求是吃苦耐劳、嘴皮子利索，以便不厌其烦地向别人介绍自己的产品，卖出去越多，业绩越好。由于基本不需要成本，因而成为许多白手起家者的共同选择。也正是通过推销经历，许多人培养出最初的市场头脑和商业意识。

仰融似乎不是一个出色的推销员。尽管长年累月在外奔波，他一直业绩平平，毫无起色。然而，业绩并非仰融志趣所在，这份工作最吸引他的莫过于与人结交。这期间，他阅人无数，上至达官贵人，下至三教九流，在与形形色色人打交道的过程中，察言观色的本领进一步提升，甚至达到"估摸三分，便知此人大概"的地步。

据说，仰融在做推销员时，偶遇一位大有来头的老人，并给后者留下深刻印象。日后，正是在这位老人的帮助下，仰融的命运才发生转机。此说虽是传言，但以仰融之交游广阔、人脉深厚，也并非没有可能。事后看来，仰融人生中做推销员的这段经历，的确为他日后得人相助、逐步发迹埋下伏笔。

由于工作使然，当起推销员的仰融开始到处游走，江阴城中，他的身影越发少见。

4

贵人相助

不知道从什么时候开始，重新出现在江阴街道上的仰融换了一副模样：头发齐齐后梳，"大背头"油光锃亮，红光满面，显得气派非凡。

人们由此相信，他发财了。

陆陆续续地，街头巷尾开始出现一些小道消息，都是关于仰融如何发家的猜测。有人说，仰融是河南第四棉厂驻深圳办事处的负责人；还有人说，仰融的身份是香港某公司在大陆的买办，工作是采购棉纱；被广泛取信的观点是，一个恰当的时机，仰融得到某位贵人相助，从此开始顺风顺水。这位贵人正是他在当推销员时认识的；而所谓"恰当的时机"，就是曾盛行一时的"价格双轨制"时期。

改革开放初的计划经济向市场经济过渡时期，国家允许国营企业超计划生产，指标之外的产品按照市场价格自行销售。这样，一种生产资料就存在两种价格：一是国家掌控的"计划内价格"；一是随市场规律变动的"计划外价格"。这便是"价格双轨制"①。

由于生产资料匮乏，两种价格体系之间同种生产资料的价格往往相差悬殊。被广为引用的一组数据显示：计划指标之内不到 700 元一吨的钢材，市场叫价 2000 多元，暴涨两倍，差价显著。

于是，一些人从中看出生财门道，开始利用各种关系，把体制内的商品"倒腾"出来，拿到市场上买，大发其财。这些人，便是所谓的"倒爷"。上海《新民晚报》曾经作过一个倒卖冰箱的报道。一台出厂价 1500 元的冰箱，几经倒卖后，最后居然被卖到 2000 元。在长春，部分官员和商人联手"做市"，居然把君子兰炒到 60 万元一株。

当然，也不是人人都能做倒爷。起初，倒爷仅限于那些神通广大、有相关渠道背景的人，但后来，一些头脑灵的倒爷省略中间环节，干脆倒卖"物资批条"，赚取不菲的"关系费"。由此，更多人加入倒爷的队伍，以至于社会上出现"十亿人民九亿倒，还有一亿在寻找"的流行语。

所谓"倒爷"，即二道贩子。刚开始，他们不过是从乡下收来几百个鸡蛋，小心翼翼搬回城里换粮票，或从沿海论斤称来电子手表，用军帽装了在大城市兜售。但发展到后来竟愈演愈烈，以至"缺什么倒什么、什么紧俏就倒什么"，倒卖钢材、化肥者大有人在。后来牟其中用罐头换飞机，走的也是这条道路。

一个颇为流行的观点认为，改革开放后最先富起来的那一批人，其中很大一部分是通过倒买倒卖起家的。多年之后，回忆这段历史，一位记者写道："今日福布斯榜上的富豪，不少是在此时掘得人生第一桶金。"而一位温州富商则毫

---

① 体制内外实行两种价格，市场价格往往高于内部价格，由此催生了大批倒爷。他们把体制内的产品倒腾到市场上出售，赚取差价。1985 年，在倒爷的折腾下，国内经济秩序急速紊乱。

不避讳地说，自己"从一个在政府任要职的亲戚那里得到了一张一次性木材采伐批条，开始了木材的倒卖生意"。

倒卖成风的年代，嚣张而无所顾忌的社会风气，摆脱贫困的强烈渴求，以及令人应接不暇的物欲刺激，构成一股巨大的推力，鼓动着人们去冒险，去寻找投机机会，去做倒爷。

面对唾手可得的发财机会，那些人脉广泛、胆大多谋的人们纷纷趟水下海，而仰融也不可避免地加入进来。尽管公开出版的资料中，他的此段经历极少被提及，但从江阴乡间的流言中，仍可以追寻到一些蛛丝马迹。

在颇具传奇色彩的传言中，仰融俨然成为一个背景复杂、大有来头的倒爷，利用那位神秘人物的鼎力相助，开始原始积累。后来，仰融不满足于倒买倒卖的小打小闹，凭借自己广泛的人脉，尝试从银行和一些部门借款，然后转手放贷给江阴当地的企业，从中赚取利息差价，一步步完成从倒爷到资本"掮客"的转型。

假设这段经历为真，那么仰融很快放弃这个看起来颇为赚钱的机会，如果不是意识到危险，就一定是提前得到什么风声。

价格双轨制让倒爷们轻松发财，却令百姓苦不堪言。由于物价飞涨，即便收入稳定的公务员都不敢上街吃饭，因为"随便两菜就是半个月工资"。而河南开封更是爆出轰动一时的"化肥风波"：连续六年时间，当地农民买不到政府供应的平价肥，只能花高价购买"条子肥"。

就在倒买倒卖风起云涌的时候，中央痛下决心，进行"价格闯关"。不久，中央再下"猛药"，开始治理整顿，严控物价，消失已久的票证重新冒出身影。

一时间，风声鹤唳。而此时，仰融已难觅踪影。

此后很长时间，仰融的去向成为一个谜，困惑着那些对他感兴趣的同乡们。一些从外地传回来的消息说，上海火车站走出一个遍体鳞伤的男子，与仰融颇为相像；也有说法称，一个留着"大背头"的年轻人开始出现在股市，如鱼得水，大肆捞金。

第二章　浮出水面

　　一个人从幕后走向前台，往往只是一瞬间的因缘际会，看似轻松容易，却需要长久隐忍坚持。由此看来，个人命运发生转机与其说是机遇垂青，不如说是功到自然成。而机遇，只不过是触发一系列转变的扳机。

　　对于仰融来说，命运的扳机就是金杯汽车。

　　金杯出现之前，仰融在上海股市潜水已久。这段岁月既风光，又隐晦，充斥着早期资本竞争的无序、混乱、疯狂甚至血腥。从小城镇走出来的仰融，一头扎进深不可测的江湖，从此便情不自禁地迷恋上这癫狂与肆意。然而，深水遨游，终将浮出水面。

1

发　迹

坊间传言，仰融当年刚开始接触资本市场时，和江阴当地许多企业有过合作，期间发生了很多不为人知的轶事，对他日后的人生方向产生了某种影响。

有一次因为收款后未能按时供货，被一家纺织厂告到公安局。当时正值大力整顿治理经济犯罪时期，因此，江阴市公安机关相当重视，把此案作为经济诈骗罪立案侦查。一天深夜，警察从宾馆的床上将仰融抓获，将其连夜带回，关进江阴城西派出所。据有关当事人回忆，仰融当时浑身只剩一条裤衩，相当狼狈。后来直到还清所有欠款，他才被释放。有人猜测，仰融改名正是这个时候。

此后，仰融断绝与江阴当地企业的一切业务往来，除兄长仰翱的企业外，极少与江阴其他企业发生关系。后来功成名就，他也并未向大多数中国企业家那样荣归故里，回乡投资。即便在事业如日中天之时，他也很少在江阴城抛头露面。某段时间，他甚至对媒体记者称自己籍贯是安徽，令人大为不解。

据说,仰融离开江阴之后,曾遇到一位参加过延安整风运动的老前辈。他告诉仰融下海必须要做到三件事儿:第一,不能不顾家庭,因为在中国要是有点事儿,肯定是连根拔的;第二,必须廉正,廉到觉得自己都是在演戏,随时要做好有人整你的准备;第三,要保护自己,在做出最后决定的一刹那,不能跟任何人透露。

仰融把上述三条奉为行事准则,之后多年,屡试不爽。他的妻子原本是江阴北国镇邮电局的一名接线员,为人干练泼辣。仰融发迹不久,她便辞掉工作,带着儿子移民国外。母子二人取道澳大利亚,随后定居美国洛杉矶。而华晨汽车海外上市不到一年,仰融便通过关系取得香港居民身份证,成为香港永久居民。

有一次,在从香港回内地的飞机上,仰融和一位同乡偶遇。他随手从口袋里摸出三千元港币,一定要对方收下,还因为没带人民币,连声道歉。这似乎和仰融一贯的形象一致。然而,北国镇流传的另外一则故事与此截然相反:仰融小时候"玩得很好"的一个伙伴,知道他发迹后曾去上海找他,却始终没有得到见面机会,不知何故。

然而,对于上述说法,当事人既无证实,也未辩驳。究竟是事实还是虚构,已经无从知晓。唯一可以肯定的是,仰融开始刻意与过去的历史保持距离。

那天,从派出所出来,仰融走进茫茫夜色中,留下一个落寞的身影,从此不知所踪。

毋庸置疑,成名人物的陈年旧事往往会成为市井闲谈中最令人津津乐道的话题。口口相传中,许多事情逐渐走样,并衍生出诸多版本,真假难辨。实际上,关于仰融早年经历,多半是民间传言,带有模糊的回忆色彩,且不排除人为加工的因素。

实际上,直到20世纪90年代初,仰融操作金杯客车国外上市后,他的名字才广为人知。在此之前,他还没有干过一件记录确凿、真正令人印象深刻的"大事";即便在乡间小有名气,也不过是个有些背景的生意人,远谈不上名震一方。以此资历,不足以使寻常百姓对其保持关注的热情,加之仰融历来故弄玄虚,人生时期的某段空白也变得可以理解。因此,从江阴出走后,关于他去了哪里,干了些什么,很少有人能够说清。或许,仰融本人也已经忘记自己到底是什么时候离开的。

日后很长时间,江阴城不见仰融踪迹,直到他一夜成名的 1992 年,人们才渐渐知道,那个聪明又不安分的"仰勇"早已改头换面,身价倍增。

成名后,仰融在一次公司内部会议上,介绍自己的经历时说:"在越南打过仗,1988 年受了一次大伤,腿断了,头也打开了,三进手术室,奇迹般没有残疾地活了下来,这以后便开始既珍惜又藐视生命。"①

中越边境冲突从 1979 年开始,到 1989 年结束。仰融所说"1988 年受了一次大伤",和历史并不矛盾。然而,据他的一位同乡回忆,1987 年或是 1988 年的一个冬天的中午,"身穿藏青色呢子大衣"的仰融,曾经出现在江阴一家工厂门口,吃过一顿午饭后,就与三位同乡一起去了安徽合肥。第二次出现在这位同乡面前的时候,仰融穿着一件军大衣,依旧满面红光,和一位美貌女子一同走在北国镇街上。只不过,那已经是 20 世纪 90 年代中期的事情了,仰融早已飞黄腾达。

关于仰融的发迹,历来说法不一。有人说,早在"价格双轨制"时期,他就已经身价倍增;有人说,他利用当推销员时积累的深厚关系,为人拆借资本,颇有闲财;还有人说,仰融的第一桶金来自一个叫海南华银的企业;然而,更多人则相信,仰融是从股市上淘到了人生第一桶金。

众多记录者的笔下,这个场景被反复提及:1989 年秋天,仰融携带借来的

———————————

① 这个说法最早见于《中国青年报》,后来更多媒体参与报道,逐渐流行开来。至于其真实性,已不可考证。

400万人民币现金,跑到上海去炒股票。

20世纪80年代末期,企业股份制改革潮流暗涌,上海静安证券业务部推出股票交易柜台,中国第一股"小飞乐"名震一时。股市蠢蠢欲动,但中国真正建立证券交易市场却是在1990年年底。在此期间,因为缺乏规章制度,资本市场一片混乱,私下交易、黑市交易大行其道,国库券、债券交易如火如荼。

那时的上海滩,债券交易方兴未艾,蒙昧而野蛮,活跃着一大批具有冒险精神的投资客,如管金生、朱焕良等人,其中名头最响者莫过于杨怀定。杨于1988年辞职下海,虽只是一个仓库管理员,却颇有投资意识,他从报纸上了解到,国家放开七个城市的国库券转让业务,各地国库券价格不同。当时,大多数老百姓还没有投资意识,杨怀定却先知先觉,扛着麻袋全国跑,频繁买卖国库券异地套现,迅速发财。等到大约赚到100万时,便有了"杨百万"这个称号。

信息不对称令许多嗅觉敏锐的炒家大发其财。多年后,杨怀定在回忆这段岁月时对此记忆尤深:1989年元旦刚过,管金生告诉杨怀定,他去中国人民银行上海分行金管处串门,看到处长张宁的桌子上压着一份文件,内容是1988年国库券在不久后准备上市。如果谁知道这个消息,黑市价75元买进,一上市可能就是100元,赚得暴利25元,这是个发大财的机会。①

当时的上海滩,这样的机会层出不穷,只要稍有头脑,便可以大赚一笔,更何况那些已经赚钱到眼红的投资客。

仰融胆大心细、激进狂热,天生具有浑水摸鱼的本领,此时来到到处飘荡着金钱气息的大上海,与各类冒险家日日厮混,耳濡目染间,天性迅速被激发出来,加之他人脉广泛、线人众多,总能提前得知一些内幕消息,很快便在资本市场上如鱼得水。

当年仰融拿着400万,先是做债券和股票买卖。后来,他用一部分钱去购

---

① 这个情节来自杨怀定在2002年写的自传《做个百万富翁》。

买认购证,等到股票正式上市后,顺势抛售,赚得盆满钵满。据说,当年的"老八股"①,仰融几乎全部涉猎。而其中最经典的说法是,仰融曾以数百万元买进豫园商城几万股股票,一直等股票涨到 18000 元,即将被拆细之前才倾巢抛出,由此大赚一笔。

作为上海首家商业股份制试点企业,1988 年,豫园商城开始发行股票,四年之后,股票市价突破万元,创下中国证券交易史上的天价,被誉为"中华第一股"。诚如民间传言,作为第一代资本炒家,仰融眼光之准、下手之狠、出手之快,的确令人惊叹。虽然离不开高人指点帮助,无论如何,仰融早年间建立的人脉网络,开始逐渐发挥重要作用。

20 世纪 90 年代初的中国,资本市场混沌初开,第一代资本炒家疯狂投机,由此导致外汇紧缺,美元价格不断上扬。当时,上海外滩黄金四溢、黄牛遍地。日后的上海首富周正毅从国外回来后也加入其中,逢人就问:"外汇有哇?""外汇要哇?"此人经历和仰融颇为相似:只有小学学历,天生不安分,喜欢冒险,头脑灵活,在市场的摸爬滚打中学到最初的商业经验。仰融在江阴城开小商店时,周正毅在摆摊卖馄饨,后来周又开过点心店、服装店,还开过一阵子 KTV,甚至还去过日本和美国淘金,但都没有挣到什么钱。此时,回到上海的周正毅眼前一亮,投身股市,居然从中积累起巨大的财富。

当时,另一个经常被拿来和仰融做比较的人物牟其中也已现身。仰融在上海闷声发财时,牟其中正被企业家们奉为偶像,顶礼膜拜。很长时间内,牟总是一副踌躇满志的神态,面对纷至沓来的媒体记者,慷慨激昂地宣传自己的计划:要建"北方香港",还要把喜马拉雅山炸个口子。听起来匪夷所思,但奇怪的是,

---

① 最早上市的八家公司的股票,同时也是早期最令人关注的股票,它们分别是上海申华电工联合公司、上海豫园旅游商场股份有限公司、上海飞乐股份有限公司、上海真空电子器件股份有限公司、浙江凤凰化工股份有限公司、上海飞乐音响股份有限公司、上海爱使电子设备股份有限公司、上海延中实业股份有限公司。

人们竟对此深信不疑。那时候,中国还一下子出现成千上万个气功大师,个个功法了得。某种程度上,牟其中和他们一样,都善于蛊惑人心,只是他更技高一筹而已。

迷惘的年代,社会风气喧嚣而又浮躁,人们被潮流裹挟着,来不及思考,便开始随波逐流。而仰融善于乱中取胜,在引领风气之先的上海滩,他大开大合、激进冒险的性格展露无疑,淋漓尽致的发挥中,很快身价倍增。

2

四百万

没有人能说清,仰融到底从股市上捞了多少钱。也没有人能说清,他的钱是如何捞来的。唯一可以确定的是,自从成功发迹后,他的人生一片大好。从操作华晨汽车海外上市,到第一辆中华轿车驶下生产线,仰融的名望长盛不衰,整整维持十年之久。

个人命途中若干关键节点,往往关系一生兴衰成败。

如果说多年后仰融从华晨悲壮出局是源于公私不清的企业性质,那么他人生中最辉煌的时期则是建立在来路不明的 400 万元基础之上。事后看来,正是因为有了那笔数目不菲的本金,他才能够在早期股票市场上纵横驰骋、疯狂敛财,进而为日后事业崛起积累下巨大财富。

在中国,企业家始终是一个特殊群体。一方面,他们为社会财富的增长贡献力量,被普通人视作人生榜样;另一方面,他们也会背上原罪的枷锁,遭受道德与法律的拷问。财富为其带来炫目光环的同时，也如一个套在头上的紧箍咒，时刻困扰着他们的神经。

富人发迹是一个神秘而敏感的话题。关于仰融的任何记录中，赖以起家的400万都是一个不可逃避的章节。然而，时至今日，那笔钱的来由仍旧是一个谜。有人认为，1989年，仰融之前所在的外贸公司发行400万元企业债，他便拿着这笔现金到上海炒股。而江阴民间流传的另一说法称，通过一位神通广大的朋友帮助，仰融拆借到400万元人民币，以此作为炒股本金。

以仰融区区推销员身份，似乎不足以掌管企业财权。更何况，20世纪80年代末期，400万元人民币已是一笔不小的资金，外贸公司即使能够通过发行企业债筹集到现金，也绝对不会交给某个员工去炒股。相比之下，后一种说法似乎更为可信，以仰融的活动能力，通过深厚的人脉资源，从体制内弄到一笔钱，也并非不可能。

对于种种猜测，仰融在2003年接受新浪网采访时说："第一桶金似乎有些神秘色彩，其实只不过是在机遇面前的表现。"他给出的解释是：自己帮助兄长的企业在建行发行了400万元人民币的企业债券，以购买原始股起家。

仰融所说的"兄长"便是前文提及的仰翱。与仰融一样，仰翱也是一个神秘人物，某种程度上，他甚至比仰融更为神秘。根据有限的文字记载，可以推知仰翱是个体户起家，在江阴市北国镇有一家企业。除此之外，人们只闻其名，不见其人。甚至他企业的员工，也没有几个真正和他谋过面。

仰翱的企业位于北国镇东南角，最早以生产苹果酸饮料起家。据说其产品曾在20世纪80年代畅销江南一带，无锡等地的年轻人以喝该饮料为时尚。然而，除了当年电视上连篇累牍的广告和市场上的产品，人们对这家实行封闭管理的企业所知甚少。仰翱与仰融一样善于保持神秘。他总是按期缴纳各种税费，不留一丝把柄，他的企业如此滴水不漏，以至于政府也无法对其一窥究竟，当地人由此形容那是一个"独立的私企王国"。

20 世纪 80 年代后期,"王国"转型,停止生产饮料,转而生产精细化工产品。后来仰融运作华晨系时,仰翱开始生产汽车零部件,发展到最后形成庞大而不为人知的源畅集团。据说,仰翱信佛,"源畅"二字便来自佛经,华晨系下属企业全部以充满佛教意味的词汇命名。这一点与仰融以"华"字命名"华晨系"的手法如出一辙。

1989 年,仰融去上海炒股时,仰翱已经涉足化工领域,名下至少拥有三家公司。它们分别是:无锡天泰精细化工有限公司、无锡华晨化工新材料有限公司和无锡华能实业公司。其中,无锡天泰精细化工有限公司是一家合资公司,由香港商人郑金海与仰翱共同创办,后来改名为无锡源畅精细化工有限公司,即源畅集团前身。而无锡华晨化工新材料有限公司则与"华晨系"有莫大渊源。

1989 年 9 月 7 日,经中国人民银行无锡支行批准,无锡天泰公司精细化工有限公司发行 9 个月期的企业债券,共计 400 万元人民币。有资料称,因担心无锡地区购买企业债券的资金能力太弱,仰融找到中国人民建设银行(中国建设银行前身)总行投资调查部的一位老熟人,几经周折,终于从建行北京分行的建设信托投资公司拿到 400 万元现金。①

按照仰融起家 400 万是借自兄长仰翱的解释,不难发现,他投资股市的资金很可能便是从北京筹到的这笔钱。如果猜测属实,那么仰融的"第一桶金"非但不是来自股市,恐怕就连他起家的本钱也是大有来头。

---

① 相关内容请参见王学仁所著《见证清白:仰融失守华晨真相》一书。

3

东湖宾馆七号楼

多年后，仰融在接受记者采访时说："1990 年，我们长包了上海东湖宾馆七号楼，以对资本市场有些经验炒股票起家。"那时候，上海滩风生水起，东湖宾馆更是资本炒家盘踞重地，在金融界几乎无人不知。

谈起上海东湖宾馆，可是大有来头。1925 年，英籍犹太人约瑟夫在上海淮海中路与东湖路转角的一块土地上建起一栋花园洋房，将其取名为"大公馆"。这便是东湖宾馆的前身。当时东湖路还叫杜美路，因此大公馆也有"杜美花园"之称，在旧上海名噪一时。20 世纪 30 年代初，上海大亨杜月笙的一个手下承包航空彩票获利，决心讨好老板一番，便以重金购下大公馆献给杜月笙，时称"杜公馆"。后来，杜月笙把公馆转赠给军统特务头子戴笠，戴笠又将其送给某个当红女明星，几经易主，先后被美国新闻处和美国总领事馆占用。新中国成立后最终被收归国有，为华东局招待所，1985 年改名为东湖宾馆，沿用至今。

　　想当年，国民党军政首脑、演艺明星等各路社会名流齐聚大公馆，何等繁华热闹。如今物换星移，当初的权贵社交场所被由无业游民、投机者、下岗工人等组成的资本炒家所占据，这些人天生嗅觉敏锐，在改革开放的大潮下弄出莫大声响，一时无二。

　　当时东湖宾馆被上海市委作为招待所使用，极少对外开放，入住其中被视作一种特权。然而，这些暴富起来的人们居然能够自由出入，除了背景深厚、能力神通广大外，似乎没有其他合理解释。自从他们入住以来，东湖宾馆顿时萦绕着一层神秘耀眼的光环，一时间名气大增，俨然成为沪上资本炒家的大本营。

　　1990 年的某一天，意气风发的仰融来到这里，看到风格各异的楼房、静谧安详的花园、敏锐激进的投资者，似乎被其独特的氛围吸引住了，因此毫不犹豫地包下其中一栋楼房，打算长住下去。

　　仰融租下的宅院是一幢法式花园别墅，建筑考究，装饰华丽。南立面带有巴洛克式双壁柱等装饰，部分立面为清水红砖墙，窗檐和窗台装饰均为水刷石制作。这原本是亨利地产公司老板的私宅，新中国成立后曾用作苏联驻沪商务代办处，后被东湖宾馆收编，是为七号楼。

　　正当上海滩风生水起之际，籍籍无名的仰融突然闯入，还出手阔绰地包下东湖宾馆的一栋洋楼，一段神秘而风光的岁月从此开始。

　　在此前后，仰融结识了时任海南华银国际信投公司①董事长的徐文通。徐文通是中国金融系统老资格的教育家，门下弟子众多。他在执掌海南华银前，

---

　　① 海南华银国际信投公司，成立于 1988 年 9 月 26 日，国有非银行金融机构。由中国人民银行批准成立，股东为北京华远经济建设开发总公司、中国金融学院、中国银行北京分行。注册地在海口，注册资金为 1.5 亿元人民币。中国金融学院党委书记、常务副院长徐文通任董事长，华远总公司总裁戴小明任常务副董事长兼总经理，金融学院金融系副主任夏鼎钧任副总经理。1988 年，海南开发正热，华银生逢其时，斩获颇多。1990 年，华银进入股市，在上海东湖宾馆驻扎，红极一时。1997 年，证监会对其进行调查，2001 年 11 月，停业整顿。

官拜中国金融学院常务副院长,在金融界人脉熟稔,颇有神通。

徐文通是江苏启东人,与仰融乃邻县同乡,因此对这个并非科班出身,却极具金融天赋的同乡极为赏识,不惜大力栽培。[①] 与他结交不久,仰融迅速谋得了一个差事,得以进入中国金融学院[②]工作,并以中国国际战略研究会研究员的身份在北京走动。自从有了这个半官方身份,仰融频频出入政商两界,建立了深厚的人脉网络。而这,正为他日后在资本市场自由游走提供支持和荫庇。

仰融从小在社会上摸爬滚打,及至成年,身上流露出一股江湖草莽之气。典型特征之一就是性情豪爽大方,对朋友重情重义。接近他的人这样形容,“即使身上只有 20 万,而且明天就要全部还掉,他今天还能请你吃 10 万元的饭,并且面色如常”。以此性格与人交际,定能俘获人心。仰融虽受教育不多,可与那些受过良好教育的金融官员、专家相处起来,并不逊色,一方面是由于其聪明乖巧,善于见风使舵,另一方面则是豪爽仗义的性格使然。

当这样一个肯为朋友牺牲的年轻人出现时,见惯尔虞我诈的权贵们眼前一亮,基于各自的目的,纷纷与其交往。而一旦进入圈内,免不了迎来送往,仰融性本好奢华,租下东湖宾馆七号楼,与其说是便于与同行交换信息,不如说是交际需要,同时也是对身份背景的暗示。因此,自从搬进上海东湖宾馆七号楼,仰融身上仿佛就笼罩上了一层朦胧光环,无论是悠游政商两界,还是出入上海资本市场,无人不对他猜测三分,而这更添其故事神秘性。

---

① 关于徐文通与仰融,财经作家吴晓波在《大败局(二)》《华晨:“拯救者”的出局》一节中写道:徐老先生是江苏启东人,仰融的邻县同乡。他是老资格的金融教育家,中国金融系统很多显赫的官员和学者都曾经受教于他,在这个圈子里人脉深厚,一时无二。仰融虽非科班出身,但他独有的资本嗅觉和精干的操作能力颇得老先生的欣赏。通过徐文通,仰融结识了一些高层政商人士。

② 中国金融学院成立于 1987 年 5 月,由人民银行、工商银行、农业银行、建设银行、交通银行、中国银行、人民保险集团公司、国际信托投资公司、光大国际信托投资公司等 9 家金融机构发起,由 14 家金融机构创办的全日制普通高等学校,直属于人民银行。

　　仰融的沪上经历虽然隐晦,却并非无迹可寻,无论如何,东湖宾馆七号楼是他神秘发家史上一个清晰的坐标原点。20世纪90年代初,他多半时间是在那里度过的。那里的一草一木、一桌一椅,见证了这个资本狂人早期经历中鲜为人知的故事……

4

金杯困顿

1989 年,仰融奔赴上海的那个秋天,在辽宁沈阳,金杯汽车股份有限公司已经成立一年有余,然而两者发生交集,还要再等一年时间。这期间,仰融在资本市场上如鱼得水,金杯公司却举步维艰,日益困顿,唯一被寄予厚望的是发行一年都没有卖完的股票。

实际上,正是这些股票改变了仰融和金杯的命运。假如不是金杯股票,或许玩弄资本的仰融根本不会注意到这个毫无资质的老牌汽车厂,由此,他甚至可能一辈子都不会介入汽车领域,更不会在这条道路上经历荣耀、坎坷与失意。

然而,历史注定无法假设。金杯汽车的成立、金杯股票的出现乃至日后种种情由,实属大势所趋,溯流所向。溯流而上,金杯汽车的前身可以追溯到 1984 年成立的沈阳汽车工业公司。当时,全国都在探索国营企业的经营机制。作为试点,沈阳市有关部门把全市挂有"汽车"字样的 96 家企业拼凑在一起,其中大多数是汽车修理厂和汽车零部件加工厂，设备陈旧，技术落后。这样组建起来的公司，实力可想而知。

最初，沈阳汽车工业公司按照企业化经营的模式折腾了几年，仍旧磕磕绊绊，不见起色。于是，董事长赵希友跑到美国、德国和日本考察经验，发现各大汽车公司都无一例外地采取了股份制，日本丰田更是利用全社会投资，从"一个规模很小的纺织企业，突然扩张"。赵希友心中默想，"既然股份制能带来那么多的好处，我们企业为什么不能进行股份制改革？"当时中央对股份制并无政策暗示，但也没有禁令，股份制潜滋暗长，赵希友也想暗中尝试。1987年10月党的"十三大"召开，明确表示股份制"可以搞"。于是赵希友积极奔走，沈阳市政府对沈阳汽车工业公司进行股份制改造，改造结果便是金杯汽车股份有限公司。

金杯汽车创建之初，人心涣散，设备老旧，资金缺乏，几乎一无是处。若不是赵希友，很可能便过早死亡。赵希友是个实干家，从工厂会计干起，做过车间主任、代理厂长，还曾在沈阳市机电工业局、农机汽车工业局任职，后来担任沈阳汽车工业公司董事长兼总经理。在此期间，正是经其一手操作，金杯汽车才得以成立。

彼时金杯汽车举步维艰，已经到退休年龄的赵希友任重而道远。当时他虽然年近60，仍旧头脑活跃，富有闯劲，他想出的办法的是向全社会发行股票，借助社会力量筹集资金。于是，1988年7月，金杯公司向全社会发行了总价值1亿元的股票，每股100元，总共100万股。然而，股票发行不久便陷入僵局。

20世纪80年代中后期，国营企业改革方兴未艾，股份制初露端倪，但由于所有权混淆不清，改革举步维艰。截至1986年底，全国共有股份制企业6000余家，股票集资额达60多亿元。然而，这些股份制企业十之八九是发行债券，股票无法进入流通环节。股东们想转让手中的股票，社会上有人想购买股票，但由于没有正规股票交易市场，交易常常无法达成。当年，虽然上海静安证券业务部开张，但形势并未发生根本性扭转。此后两年，全国上市流通的股票不过十数只，大多数股份制公司的股票仍旧是废纸一张。

金杯股票发行时，面临的就是这样一种情况。由于股票不能上市流通，即便有人花 100 元买到一张面值 100 元的股票，很快就会发现，除了压箱底外别无他用。因此，金杯汽车内外，无人敢于冒险一试。股票卖不动，赵希友下令"内部消化"，逐级包销，为此还大打折扣，但折腾了数十天，股票发行量还是不到总数一半。①

无奈之下，有人反问一句："何不将剩余的股票拿到活跃的北京去卖？"赵希友恍然大悟，立即派人前往北京，在与中南海仅一墙之隔的国家体改委大院摆出一溜桌子，开始推销股票。然而，看的人多买的人少，股票没卖出去多少，赵希友本人反而因为"在中南海卖股票"被叫到北京写了一周检查。更让他无限惋惜的是，购买了金杯股票的国家干部后来又纷纷退股。

受此挫折，赵希友并未一蹶不振。此后很长时间，他天天在外面跑动，推销金杯汽车股票，居然一跃成为社会名人，甚至被美国《时代》周刊选作封面人物，着实风光了一番。然而他的股票仍旧卖不动，直到 20 世纪 80 年代结束的时候，至少还有价值 4600 万元的股票无人认购。

金杯汽车之所以如此困顿，错不在股份制，而是因为生不逢时。毕竟，在一个大多数人都不知道股票为何物，且不愿主动尝试的社会，金杯股票的出现注定是一厢情愿，显得不切实际，过于超前。而超前者的悲哀，不在于不被理解，而是往往等不到被理解认同，便被历史无情地淘汰。

---

① 据《中国证券报》披露的金杯汽车《发售股票说明书》显示：金杯汽车首次发售的股票为记名式可转换参与累积优先股票，共发售人民币优先股票 100 万股，每股面值 100 元，售价每股人民币 100 元，共计 10000 万元；申购时间为 1988 年 7 月 15 日至 1988 年 8 月 15 日，1993 年 1 月 1 日起全部转为普通股。从认购之日起至 1992 年 12 月 31 日止，每年可享有年股息率不低于 14% 的固定股息收入。

1990 年,金杯汽车熬过"股份制的冬天",却没能迎来梦想中的春天。多年之后,媒体在追述中国汽车工业发展史时,会把这年描述为一个萧条、低迷的年份。随着伊拉克战争爆发,油价疯狂飙升,加之国内银根紧缩,绝大多数国有汽车厂产品滞销,利润急剧下降。与此同时,国内银根紧缩,借贷无门。内忧外患冲击下,汽车制造业一派萧索。

金杯汽车形势尤为严峻。此前,为更新产品线,公司与丰田开展技术合作,引进"海狮"项目,但项目开始不久,金杯方面便出现资金困难,无力维持引进设备,项目面临下马。与此同时,由于国家提高存款利率,股票股息随之上扬,金杯汽车股票固定股息高达 16.5%,令公司难以承受。据当时沈阳市政府一位主管股份制改革工作的相关人士回忆,那时"股份制工作到了最艰难的时刻,金杯的股东大都产生了退股的想法"。

由此看来,资金是金杯公司最根本的问题。这个问题一旦解决,其他问题便迎刃而解。1990 年整个年度,公司的主要工作内容便是筹备资金,厂长赵希友则把希望寄托在剩下的那些股票上面。按照他的计划,找到一个"能弄到钱的买家",把剩下的股票卖出去,一方面可以解决股票销售难题,另一方面也可以缓解企业资金困难,同时也为新项目筹备资金。然而,直到这一年即将结束的时候,形势仍未出现好转的迹象。

5

入　股

就在赵希友心灰意冷之际,理想中的"大买家"终于出现,他就是仰融。

实际上,仰融早在 1991 年春天便已经知道这家落魄的公司。等到这年年底才迟迟露面,与其说等待时机,不如说是对进入实业领域缺乏信心与准备。之前 34 年的人生中,仰融始终在资本领域游弋,唯一一次经营实业还是江阴城那个不起眼的小商店,短暂的经营经历并未带来有价值的经验,反而令他对实业丧失兴趣。仰融对实业(更确切说是汽车制造业)开始有兴趣,最早是 1990年末与赵希友见面长谈之后。在此之前,他对金杯汽车的关注,最多只是停留在资本层面。

再把时间拉回 1990 年初,那时候,仰融已经在上海滩立足,并且开始在北京走动,结识了一批金融圈内的大人物,其中便包括时任中国人民银行办公室副主任的马蔚华[①]。马为人性格豪爽仗义,思维缜密,眼光超前,颇具宏观视野和高远格局,在业界声誉颇佳,被仰融视作良师益友,时常一起探讨国内外政经大事。据国内媒体披露,正是在其指点下,仰融才动身前往东北,转行做起汽车。[②]

天性中的某些成分似乎能够贯穿人的一生。即便人到中年,娶妻生子之后,仰融仍旧"不安分"。1990年前后,随着交际面扩大,他眼界大开,逐渐不满足在于股市中小打小闹,总觉得"资金太少、买卖太小",开始寻觅新机会,妄图做成一件"大买卖"。然而,在遇见马蔚华之前,仰融所谓的大买卖,不过是打政策擦边球,多赚一些"灰钱"而已。

1990年初春的一天,马蔚华与仰融见面,提出中国企业资本国际化的构想,引起仰融极大兴趣。考虑到当时动荡的国际环境,马蔚华建议仰融找一个实实在在的项目,包装到国外上市。时值国有企业改革,企业界一片风声鹤唳,处于生死边缘的企业为数众多。由此,马蔚华向仰融提议,不妨去沈阳看看,"那里不少企业都有很好的工业基础,但是经营管理跟不上,效益不好,你去谈合作,可能会容易些"。[③] 此时,马蔚华第一次与仰融提及陷入困境的金杯汽车。金杯汽车当时是中国八大汽车企业之一,而且是八大车企中唯一的地方企业,受政策限制相对较少,历来被作为各种政策措施的试点。假若以此为包装

---

① 马蔚华是土生土长的东北人,1949年出生于辽宁省锦州市,曾经下乡做过知青,1978年恢复高考时考入吉林大学经济系,后常年在沈阳任职。曾担任辽宁省纪委副秘书长、省委书记秘书,对沈阳乃至整个东三省的形势了如指掌。

② 关于仰融与沈阳金杯结缘的起因,《中国经营报》和广东《新周刊》杂志都以为,正是得益于马蔚华的牵线搭桥。《新周刊》第266期《仰融的海外"造壳上市"之路》一文中,记者邝新华写道:直到当时任职中国人民银行的马蔚华把沈阳金杯汽车总经理赵希友介绍给仰融,这个在当时惊世骇俗的想法才开始改变一个老革命家及其企业的命运。

③ 相关内容请参见《中国经营报》记者寇建东于2010年1月发表的《"黑金"仰融:海外上市"一卖成名"》一文。

项目,运作到国外上市,政策层面不会受到太多阻挠。事后看来,这个建议一定触动了仰融的神经,但顾虑重重的他并没有立即展开行动。因为就在这年6月,仰融还为兄长仰翱的无锡天泰精细化工有限公司拉到一笔1500万元人民币的贷款,然后直接投入上海股市,并在短期内斩获颇丰。

然而,不久后发生的一件小事令仰融对自己的处境有了清醒的认识。一个夏天的午后,经金融圈的一位朋友介绍,仰融与北京某高科技公司的老板在后海一家西餐厅见面。期间,仰融大谈利用国际资本、中国企业国际化、以资金撬动企业发展等构想。不曾想,对方误以为他是诈骗犯,在不明真相的情况下,暗中派人去公安局报案,仰融险些被扣押。

虽然在朋友的帮忙下,这件事很快过去,却给仰融留下深深的心理阴影。中国社会,历来人情大于法理。官商勾结,不过是自谋私利。仰融知道得很清楚,此时自己手有余钱,虽然频频进出权贵府第,但仍旧资历浅薄、身份低微,充其量只是一个略有些手段的民间炒家,暂时赚些小钱,却不能维持长久。仰融急切盼望摆脱这种尴尬的处境。但一时间,他又找不到出路,只能焦灼无望地继续以往的营生。经过一个漫长而痛苦的秋季,仰融偶然想起马蔚华的一席话,突然醍醐灌顶,茅塞顿开。他突然意识到,一条光明正途就在眼前。

1990年的一个冬天,仰融与夏鼎钧、宫浩一行三人从北京北上,直奔辽宁沈阳。①

沈阳背靠长白山,面朝渤海湾,从清末便是中国工业重镇。新中国成立后,被列为工业重点城市,吸引了全国工业总投资的14%,短短十几年,发展成为重要的机械工业基地,集聚了上千家大型国有企业。然而好景不长,20世纪90年代初,国有企业破产潮起,当地许多企业难以为继,而地方政府除了财政输血

---

① 相关内容请参见《21世纪经济报道》记者马腾2003年6月发表的《剪不断理还乱海南华银迷宫未失守待人解迷津》一文。

和管理松绑,并未找到有效解决方案,经济形势由此江河日下。

仰融等人踌躇满志地来到这里,稍作休整,由时任人民银行沈阳市分行行长孙培泮陪同,与时任沈阳市市长武迪生、副市长张瑞昌进行了一次长谈。尽管会谈的具体过程无从知晓,但从后来结果看,双方一定相谈甚欢,而且在国有企业破产与救助等方面达成了某些共识。因此,沈阳市政府很快把陷入困境的金杯汽车介绍给仰融,并且安排他与赵希友会面。

那天,仰融是以拯救者的形象出现在赵希友面前的。据说,他开口讲的第一句话是:"请你把剩下的股票都卖给我吧。"连续两年来,赵希友全部的心思都是卖股票,如今已是焦头烂额,心灰意冷,此时有人主动找上门来求购,不禁心头一震。然而,更让他摸不着头脑的是,这位梳着大背头的年轻人居然狂傲地说:"我要让金杯成为第一家在国外上市的中国公司。"对于年近60的赵希友来说,最大的企图就是将金杯汽车做到"中国汽车业老大",仰融所言他想都不敢想。然而,他一定是被仰融强大的气场所吸引,情不自禁地听他讲了下去。

赵希友很快从仰融的言谈中意识到,这个操着南方口音的生意人"是搞资本运作的","能运作来钱",而且背景很深。这是再好不过的事情。赵希友心里知道得很清楚,"将来中国的汽车业谁有钱谁就是老大",正好可以借此人之力助金杯公司重整旗鼓。

仰融与赵希友之所以能走到一起,离不开马蔚华、武迪生等人的牵线搭桥,但更重要的是,当时的社会大环境潮流暗涌,二人敏感地捕捉到趋势走向,且从对方身上发现自己所需。仰融希望找到一个优质资源,包装上市;赵希友则希望弄到一大笔资金,为金杯救火。就这样,一次会面演变成了一场谈判。仰融的筹码是资金,赵希友的筹码则是金杯汽车。由此,双方只要形成某些共识,交易便可达成。

接下来,仰融等人在金杯汽车下属的30多个企业中考察一番,发现多数企业半死不活,只是徒有其表,唯独一个名叫沈阳轿车厂的国有独资企业令仰融印象深刻。这家工厂当时已经初步实现机械自动化,拥有全长 580 米的装配线,11 台自动导引举升车组成的 6 条输送线,所有流程都由中央控制室的计算机控制。即便对汽车生产所知甚少,仰融也一定被眼前的场景所震撼,在当时的中国汽车界,很难能找到这样家底的汽车厂。

通过考察,仰融了解到,早在 20 世纪 70 年代末,沈阳轿车厂就制造出全国最早的面包车 SY622,并畅销多年。金杯汽车组建之后,公司从市面上赚的钱差不多全部都扔进轿车厂。而且,金杯方面还准备再向该厂投资 2.49 亿元,从意大利和德国引进 6 条冲压生产线,从日本引进车身喷漆工艺,把生产能力再提升一个层次。

这已经让仰融心中窃喜,然而更令他大吃一惊的是,这个正陷入困境的轿车厂居然与日本丰田汽车签订了一个技术援助合同:引进轻型客车生产技术,即将批量生产具有 20 世纪 90 年代初期国际先进水平的金杯牌海狮箱式客车,并具有单班生产 2 万辆的能力。这就是前面说到的"海狮"项目。熟悉轻型客车的人都知道,丰田海狮是当时世界热销车型,在轻型客车领域独领风骚多年,堪称不二之选。沈阳轿车厂获得丰田正式授权生产海狮,意味着打开了国内面包车市场的大门。

然而,当时沈阳轿车厂并不具备独立生产能力,生产海狮客车所需的大部分零件需要从日本进口,生产模具也是从丰田租借而来,合同中以日元定价。而此时随着日元汇率暴涨,海狮车的生产成本水涨船高。与此同时,轿车厂陈年旧账越积越多,加之贷款困难,生产流动资金不足,经营困难。

尽管如此,仰融还是认为"这块业务是不错的",是"整个金杯的精华"。他这么说,是已经在心里认定要与赵希友合作。对于仰融来说,钱并不是什么大问题,他更看重投资回报率。因此,打动他的,与其说是沈阳轿车厂,不如说是那张国家允许从日本丰田引进第四代轻型客车的生产批文。一旦海狮客车下线,国内客车市场就得"由金杯横冲直闯了"。

站在投资者的立场考虑，仰融一定从那些新奇的设备中预见到这个项目广阔的资本前景。眼前的金杯汽车捉襟见肘，仰融清楚地意识到这是一个千载难逢的好机会，因此才毫不犹豫地决定与赵希友合作。

那天，从轿车厂考察出来，仰融对赵希友说："赵总，那我们就合作吧。"望着犹疑不定的赵希友，仰融继续爽声说道："我来搞钱，你来造车。"就这样，合作开始了。

1990 年 12 月，考察完金杯汽车后不久，仰融便和赵希友在沈阳签订股权认购协议，初步达成合作意向。1991 年初，双方完成股权交割。仰融先后汇去两笔资金，共计 4600 万元人民币，获得金杯股份优先股 46 万股，面值 100 元人民币。半年后的 6 月 10 日，金杯汽车股份有限公司将 100 万股优先股提前转为普通股，并将普通股面值由 100 元拆细为 10 元。这样一来，仰融认购的 46 万股暴增为 460 万股。此时，虽然已经签订股权交易书，但仰融仍未找到恰当的方式接受股票，460 万股金杯汽车股票一直被锁在赵希友办公室的密码箱中。

仰融之所以迟迟不动手，并非对这笔生意心生悔意，而是有政治层面的顾虑。当时，上交所和深交所开张半年有余，国人可以名正言顺地购买和交易股票，但股权、所有制等问题仍旧纠缠不清，犹如深埋股市里的一颗地雷，不知道什么时候会被引爆。况且当时治理整顿风头正紧，国家严厉打击各类经济犯罪，金杯汽车乃是国有大型汽车企业，关系汽车工业发展安危，仰融若以私人名义购买如此巨额股份，很容易被说为"侵吞国有财产"。因此，他对接股金杯的方式相当谨慎。

当年 6 月，经一位高人指点，仰融悄悄前往全球最北端的珊瑚岛群百慕大，在主岛哈密尔顿注册成立了一家用于收购金杯汽车股票的"壳公司"。百慕大素有"免税天堂"之称，政局稳定，银行、会计、工商等行业发达，加之不存在外汇管制制度，不征收企业所得税，严格执行并遵守金融保密法，吸引了全世界几十万家公司前往注册,可谓世界境外公司的龙头老大。

仰融选择在百慕大成立境外公司,一方面是为方便行事。因为百慕大对企业管理宽松,注册公司后根本不需要办公营业,只要留下登记注册资料,每年委托律师向当地政府缴纳一定数额的资金即可。另一方面则是为金融安全。事实证明,百慕大的确为仰融提供了足够私密的空间。此后很长一段时间里,公众只知该公司名为"华晨控股有限公司"(以下简称华晨控股),除此之外一无所知。多年后,有媒体通过沈阳金杯在上交所上市时的资料发现,华晨控股由国家国有资产管理局出资成立,占股 100%。仰融作为董事长,代其持有股份。然而坊间流传的另一说法则认为,所谓国家国有资产管理局只不过是一个幌子,华晨控股其实是由海南华银全资设立,仰融只是代为管理而已。无论如何,至少在 1992 年之前,仰融一直以华晨控股董事长身份活动,这段时间虽然不长,却为他收购金杯汽车股票、操作金杯汽车国内上市提供足够的施展空间。在此期间,为方便与内地联系,华晨控股公司总部被设在香港,日后无论仰融还是赵希友,均把华晨控股称为"香港华晨",以至于许多人以为华晨控股是一家香港公司。

1991 年 7 月 22 日,仰融以华晨控股名义买下金杯汽车 460 万股记账式股票。他把股票装在 20 个纸箱子里,从沈阳空运到上海,然后放在东湖宾馆七号楼的地下保险库里,为安全起见,还雇来两名保安,日夜看守。

根据相关规定,金杯汽车股票的持有人不能以企业的户名出现,必须由自然人拥有。于是,按照市面上通行的做法,仰融花钱搜集了 200 多张身份证,还从中国金融学院、上海财经大学雇来一批学生,花了大半个月的时间,一张一张地填名过户。就这样,他成了金杯汽车的大股东。

6

苏强归附

1991 年,仰融在参股金杯汽车的过程中,已经开始为海外上市做准备,苏强归附便是发生在这期间。

20 世纪 90 年代初,经历东欧剧变的世界动荡不安,两极对峙逐渐松动,西方世界对社会主义国家既陌生又好奇,外交政策充满试探性。这样的背景下,要把中国企业包装到海外上市,既是挑战也是机遇。

经一位圈内人士指点,仰融决定到境外注册一家外资公司,然后以合资的方式,与金杯汽车组建新公司,包装一番后再拿到海外上市。根据当时国家对中外合资企业的有关规定,以外资公司身份投资可以享受税收、付款方面的优惠。同时,境外注册公司,在解决收购资金方面,有着非常灵活的处理方式。于是,1991 年 2 月,仰融奔赴香港,注册成立"香港华博财务有限公司",业务仍旧是资本投资。当时的香港法律规定,注册财务公司必须要有两个以上股东,其中至少一人是香港居民。仰融当时的身份还是内地居民,为开办公司,他找到与其兄仰翱合作的香港华博工业公司董事长郑海金,合资创办华博财务有限公司,注册资本 1000 万人民币,其中仰融持股 70％,郑海金持股 30％。实际上,郑海金并未出资,注册资金全部由仰融一人承担,郑只不过是以香港居民的身份为仰融提供方便而已。不久,郑海金出具书证,将名下的华博财务 30％ 股份托管,交由仰融行使股权,由此仰融拥有了一家完全掌握在手里的海外公司。多年之后,他与中国金融教育发展基金会以及辽宁省政府所打的官司,均是以这家公司的名义进行的。

当时国内经济形势低迷不振,中央频频宏观调控,治理整顿力度有增无减,业界一片风声鹤唳。仰融竖起“华博财务有限公司”的旗号,似乎是有意要把业务规范化,看起来名正言顺,但实际情形却无从得知。后来据他自己介绍,当时公司的主要业务是提供资金拆借服务,兼营债券和股票。因为业务量骤增,仰融急需帮手。

当年 3 月,时任中国人民银行副行长的刘鸿儒①把自己的一位研究生推荐给仰融,这便是后来华晨“四大金刚”之一的苏强。当时,苏强只是一名未走出校门的学生,在北京五道口中国人民银行研究生部读书。尽管还有一年才毕业,他却整日忧心忡忡,为今后出路发愁。此时被导师一个条子送到仰融手下,名义上是帮忙,实际上是实习,心里算是有了一点着落。

初春的一天,苏强从北京来到上海。那时候,仰融手下只有三五号人,都没有什么职务,成天拎个包飞来飞去,看起来既神秘又光鲜。苏强一定是被这种

---

① 刘鸿儒,高级经济师,吉林榆树人,与仰融关系密切。1952 年毕业于中国人民大学金融专业,1959 年在莫斯科大学经济学系获副博士学位(苏联时代的高等教育学历制度,相当于硕士),此后在金融界蛰伏多年。1988 年出仕,历任中国人民银行副行长、中国人民银行理事会副理事长、国家经济体制改革委员会副主任、中国证券监督管理委员会主席等职务。刘从事金融市场调查和宏观经济调控多年,是新中国股市创始人,被尊为股界泰斗。

景象吸引住了,因此毫不犹豫地加入其中。等到真正介入,他才发现皮包里面装的全部是身份证和图章,和所谓的企业管理"绝不沾边"。

实际上,早期在证券市场上打拼的人都是这种形象:为买到更多看好注定会涨的股票,经常有人拿着麻袋征集身份证,以此获取股票认购证。地下经济血脉贲张,充满刺激。这一切,对于涉世未深的苏强来说既陌生又新鲜,完全是另一套价值体系。与所有刚走出校门的年轻人一样,苏强懵懂中带些书生意气,时常会在心底质疑这样做的合法性,几番挣扎,跃跃欲试的冒险精神占据上风,他最终决定留下。

此后很长一段时间,苏强吃住都在东湖宾馆七号楼,日夜与仰融等人厮混在一起,天长日久,逐渐被仰融强大的人格魅力所征服,不禁心生崇拜,决定追随仰融左右。多年后,两人决裂,其中恩怨情仇众说纷纭。然而,在事业的早期,苏强对仰融只有敬仰并无嫉恨,关于这一点,以下这个故事可做例证。

一天,仰融等人围坐一桌,边吃饭边谈话。席间从国有企业改造、招商引资说到国际形势、中美形势,气氛异常热烈。

讨论进行到高潮处,仰融被形势所激,不禁慷慨激昂地讲道:"要说人权,南非的人权状况比中国糟糕多了,但是为什么美国不制裁它? 因为美国在南非有大量投资,制裁南非等于制裁自己。"此时,他一定是被海外上市的宏大图景所感召,慷慨激昂地又说道,"如果我们也把中国的很多企业拿到美国上市,把两国的利益绑在一起,那中国外交不就打开新局面了吗?"

几句话讲下来,周围一片沉寂,血气方刚的苏强按捺不住心中的激动,当即对仰融表示:"既然这么好一件事,与其回去抄论文,耽误一年时间,还不如我就跟你一起去做吧!"事后不久,苏强果然回北京办理了提前毕业手续,从此跟随仰融左右。

后来,几经媒体报道,此事逐渐流传开来,一时被引为美谈。然而,世人多把此事视作仰融个人魅力的佐证,为之披上浓厚的个人英雄主义色彩,甚至附会了想象与虚构。实际上,一定是当时的社会大环境和人性中的某些方面发生作用,才使得仰融看似夸夸其谈的言论被苏强买账,从而义无反顾地归附于他。

1991 年,25 岁的苏强遇到 34 岁的仰融,人生从此转向。

一旦找到人生方向,年轻人不甘平庸的斗志即被激发出来,转化为拼搏的不懈动力。苏强原本天资聪颖,又有专业素养,此时经仰融点拨一二,很快便掌握生意诀窍,成为仰融的得力干将。从此之后,苏强跟随仰融在东湖宾馆七号楼拉帮结伙,队伍不断壮大,游走在说不清楚"合法"与"违法"的早期证券市场,如鱼得水,甚是惬意。

10 年后,2001 年 2 月的一天,苏强接受《财经》杂志采访,回忆到这段经历时,曾半开玩笑地对记者说,"我们可能是中国证券市场最早的大鳄"。苏强说的"我们",实际上是指香港华博财务有限公司。而据仰融介绍,当时公司影响巨大,以至于名震一时的杨百万曾多方请托"要求合作而不得"。然而,《财经》记者随后在电话中以此向杨怀定求证,他却表示"对此事及仰融本人均无印象"。

以杨百万之丰富阅历,似乎不至于对仰融及其公司"无印象"。然而,不止杨百万一人,早期沪上炒家多数是在仰融成名后才知有此一人,即便是媒体记者也对仰融此段经历一无所知。由此看来,假若不是年代久远,记忆模糊,一定是当事人在有意回避什么。

实际上,对于一个曾经游走在灰色地带的投机者来说,没有什么比隐瞒过去更能蒙蔽世人,更何况仰融身后还隐藏着一个庞大神秘的政商关系群和错综复杂的资本网络,这就注定他必须选择隐忍。正因如此,他的早期资本生涯才显得虚无缥缈、无迹可寻。此间,小道消息大行其道,但多是事后杜撰的桥段,众说纷纭,难见真相。

如果说仰融因刻意保持神秘而长久地不为人知,那么,他很快将从幕后走向台前,让世人意识到他的存在。

第三章　上　市

1991年7月,仰融的身价是460万股空头股票,还不为人所知;讲得最多的是海外上市计划,但多被视为天方夜谭。

1992年7月,460万股金杯汽车股票价值数亿人民币,仰融已不在饭桌上夸夸其谈。他手里握有一大笔钱,有一家名叫金杯客车的合资公司,一家专为海外上市而成立的华晨汽车公司,以及一大批追随者和支持者。不为人知的角落,一系列行动正在紧锣密鼓地展开,只是很少有人还记得他一年前的宏图大志。

1992年10月,仰融把金杯客车送到美国纽约证券交易所。霎时间,石破天惊。

1

组建金杯客车

苏强跟随仰融做的第一件大事就是组建合资公司。

1991年4月的一天,仰融、夏鼎钧、苏强等人飞赴沈阳,与赵希友商谈海外上市事宜。起先,赵希友计划把金杯汽车包装一番,整体运作到国外上市。仰融从460万股股票角度考虑,对于这个计划并无异议。但由于金杯汽车家大业大,除制造汽车、农机外,还有学校、医院、幼儿园等一系列附属单位,甚至承担着一些本职之外的社会职能。与当时大多数国营企业一样,金杯汽车受到政府诸多干预,不可能完全按照市场经济规律行事。因此,要想整体海外上市,极难通过政府审批这一关。另外,当时西方国家对中国施行经济打压,国营企业不被接受,金杯汽车显然不会得到外国证券商和承销商的许可认同。鉴于重重困难,仰融独辟蹊径,建议赵希友把金杯汽车下面的沈阳轿车厂剥离出来,作为子公司,与自己刚刚在香港成立的华博财务组成合资公司,以合资公司的名义到海外上市。如此，一方面可以降低操作难度，另一方也可以规避风险，一旦失败，损失不至于太大。鉴于当时动荡的国际环境，赵希友同意了这个方案。于是，双方围绕组建合资公司展开谈判。

关于股份分配问题，赵希友提出合资企业要由他来控股。他这么要求，并非无中生有，而是社会大环境使然。

改革开放初期，毫无经验可学，一切都是"摸着石头过河"。自从1984年，中国第一只股票出现，中国股市便在姓"资"还是姓"社"的争论中艰难起步，跌宕前行。此后，"股票"、"股份制"一直被视作资本主义"舶来品"，令人谈"股"色变，为社会主义所不容。姓氏追问困扰国人多年。赵希友清楚地记得，被指为姓"资"的一个焦点，就是"主张把国有资产分割成股份卖给个人，划为私有"。在政治正确大于一切的年代，这样的行为无异于自毁前程。正当人们对改革方向莫衷一是、存在颇多迷惑的时候，1991年春天，仰融一行人到沈阳之前，上海《解放日报》最先发表署名为皇甫平的评论文章，鼓励国人跳出"姓社还是姓资"的诘难，"振奋精神，敢冒风险，敢为天下先"。此言一出，随即引得理论家们拍案而起，京城几大报刊轮番上阵，一道围攻皇甫平。由此，姓"资"姓"社"的讨论被推向新的高潮，外商纷纷撤资观望。一时间，风雨如晦，前途渺茫。

经历过大风大浪的赵希友看得很明白，关于姓氏争论的背后其实是意识形态的争论。作为国营汽车企业的一把手，面对如此动荡不安的局势，他本能地显示出极高的政治觉悟，因此才一再要求必须保证金杯汽车在合资公司中占据绝对的控股地位。

仰融也看过皇甫平的文章，暗暗在心中为其叫好，但赵希友的顾虑也不是空穴来风。因此，几乎没怎么谈判，他便爽快地答应了赵希友的要求。为赢得赵希友的信任，确保万无一失，仰融还根据当时《中外合资经营企业法》"在合营企业的注册资本中，外国合营者的投资比例一般不低于百分之二十五"的规定，主动提出,愿意把自己的股份确定为 25％。

　　根据政策合资企业 50％净资产投资的限制,中国一般无纯粹的控股公司,除非国务院特批。合作期间,一旦资产变更,就会涉及工商、地方政府、合作方主管部门,以及中国对不同行业的公司变更的不同规定,这些对国外公司来说都是繁琐和不确定的,使得在国外家常便饭的重组在中国则颇费周折。而假若以一家境外离岸公司与中国公司合作,一旦境外公司想转让合资公司股权,并不需要在国内作任何变更,只需在境外将离岸公司的股权转让,从而间接转让合资企业,回避了在中国内地的办理过程。因此,仰融便决定以香港华博财务公司的名义和赵希友进行合作。为方便国内融资,他又把海南华银作为第三方引入来。组建工作就此拉开帷幕。

　　当时国务院规定,对于注册资金在 3000 万美元以上的合资项目,要由国家计委审批立项。而沈阳作为计划单列市,市政府拥有对注册资金低于 3000 万美元的合资公司的审批权。于是,仰融与赵希友商定,把金杯客车的注册资本确定为 2998 万美元,由赵希友向时任沈阳市市长武迪生、常务副市长张瑞昌汇报。得到市政府批准后,正式注册立项。

　　经过立项、审查、资产评估、起草合资公司章程等一系列程序,1991 年 7 月,就在金杯股票被空运回上海的当天,金杯客车制造有限公司(简称金杯客车)在沈阳成立。在当时的许多报纸上,这件事被轻描淡写地一笔带过。在大牌林立的中外合资汽车领域,金杯客车的出现实在有些不值一提。从一开始,它就未对汽车制造展露出雄心壮志,甚至并未像大多数合资汽车公司一样,高调公布年产计划中那些哗众取宠的数字。在高歌猛进的汽车界,这的确不足以引起人们广泛的关注。然而,仅仅一年后,这家合资汽车公司便成为新闻的绝对主角,让媒体与公众大吃一惊。

　　最开始的一段时间,金杯客车像它的幕后操控者一样,小心翼翼地把野心包藏起来,不动声色地暗中布局。

按照约定，金杯客车由金杯汽车、华博财务和海南华银三方共同组建，其中，金杯汽车以旗下生产丰田海狮面包车的沈阳轿车厂入股，占 60％股份，绝对控股；仰融以华博财务的名义投资，为外资方，占股 25％；海南华银占股 15％。持股 25％这个比例，是外商投资中国企业并可以称为中外合资企业的下限。按金杯汽车 3000 万美元注册资本计算，仰融只需出资 750 万美元。而根据当时的《中外合资企业法》规定，第一次到位资金最低只需出资额的四分之一，其余资本可在 3 年内分步到位。也就是说，当时他只需实质出资 187.5 万美元，先获得金杯汽车 25％股权，即拥有三年"借鸡生蛋"的时间。我们无从得知仰融所出资金的具体来源，但以其长袖善舞的活动能力，筹集到 200 万美元现金似乎并非难事。股份配置完成，一切交割停当后，三方分工如下：赵希友代表金杯方面负责汽车制造，仰融全力运作海外上市，夏鼎钧代表海南华银负责融资。三人各司其职、各显其能，为金杯客车海外上市积极奔走。

然而，令他们不曾想到的是，多年后，围绕产权的纷争四起，而那个原本毫无疑义的配股方案则成为最大争议。时值仰融与夏鼎钧关系破裂不久，坊间突然流传出一种说法：海南华银曾向沈阳金杯汽车公司出资，拥有金杯客车 40％的股权。针锋相对的另一种观点是：仰融以华博财务的名义出资 1200 万美元，单独占股 40％。众说纷纭，莫衷一是，其实不过是各执一词，互相争利。实际上，创立金杯客车时，仰融的确只占 25％股份，至于占股 40％一事，则是发生于海南华银在金杯客车的股份被华博财务取代后。关于仰融投入金杯客车的资金来源，一直无人能交代清楚。谜团搁置多年，直到 2003 年，仰融在接受凤凰卫视记者采访时称，他投入金杯客车的资本，一部分是向兄长仰翱所借，另一部分则是在上海炒股所得。然而，据多位股市专家分析，1991 年深沪股票交易所刚刚启动，规模尚小，进入流通的股票不过区区 20 只，仰融纵有通天奇才，也绝无可能在极短时间内敛聚巨额财富。而据《21 世纪经济报道》记者调查，仰融介入金杯所投入资金全部来自海南华银信托投资公司。①

　　追溯仰融个人发迹史,不难发现,无论是上海炒股,还是介入金杯客车,都与海南华银有千丝万缕的联系。正是因为有这个资本大鳄的存在,仰融的一系列资本运作才能顺风顺水。由此看来,双方一定达成了某些不为人知的协议,才使得屡次合作悄无声息且轻而易举。至于日后爆出纷争,很大原因则是源于利益分割所致。

　　种种迹象表明,1991 年的仰融虽然做成了几件大事,渐渐崭露头角,但仍旧身份卑微。名义上是董事长、大股东,其实只不过是一个活跃在台前的"马前卒",他的背后隐藏着一批诸如海南华银在内的利益集团,双方结成同盟,互相利用,共同发财。在实际地位没有得到改善和巩固前,仰融一直小心翼翼,不露声色,竭力维持这种脆弱的平衡关系。他一方面利用后者的权力,最大限度地争取利益;另一方面悄悄谋划,准备建立一个只手遮天的"独立王国"。

　　"王国"的基石,就是刚刚成立的金杯客车。

---

　　① 据《21 世纪经济报道》2004 年 6 月 14 日刊登的《中国金融第一案:为钱而发生的一切勾当》一文披露:1989 至 1998 年任海南华银总经理和法定代表人的朱熹豪出示证明,1991 年 1 至 2 月,为解决沈阳金杯汽车集团公司流动资金困难,海南华银向沈阳金杯汽车集团公司汇款两笔共计人民币 4600 万元,购买沈阳金杯汽车集团流通股 460 万股,该股票后借给华晨集团。1991 年 9 月间,海南华银为参与组建中外合资沈阳金杯客车公司,向沈阳金杯汽车集团公司汇款两笔共计 4070 万元,作为海南华银和香港华博财务对金杯客车 40% 股份的出资款。

2

筹划国内上市

上海的夏天,湿热沉闷,令人焦躁不安。

仰融难得有时间休息一下。一天傍晚,他把几个手下召集起来,在东湖宾馆七号楼餐厅共用晚餐。他已经不止一次向人们宣称那个宏大的海外上市计划,如今春风得意,前程无限,禁不住再次张口,向旁边的四五个年轻人直抒胸臆。这些手下个个精明干练,在鱼龙混杂的生意圈摸爬滚打多年,江湖习气与日俱增,很是有些能耐,但胆识眼界却未见长。

仰融慷慨激昂地讲叙着他的海外上市计划,旁边的手下个个眼睛大睁,仿佛在听一个不可能实现的神话,又像在审视眼前这个突然陌生起来的老板,试图从他的神情中捕捉到可以取信的凭证,唯独年轻的苏强对此深信不疑。之前数月,他作为助手,跟随仰融东奔西走,亲身经历了金杯客车的筹建,对仰融的运作能力越发信任和佩服,此时耳闻这般豪言壮语,眼前一派光明图景。

然而,资历尚浅的苏强只是偶然见识到宏大计划的冰山一角,对于海外上市的进展程度,他所知甚少。

1991年,对仰融来说,是海外上市的奠基之年。7月22日,他成为金杯客车的大股东;一个月后,同时担任金杯汽车常务董事。到9月末,仰融已经完成对金杯汽车的参股,加上之前成立的华博财务和华晨控股,他手中已经拥有一家融资公司、两家汽车公司以及一家神秘的"壳公司"。然而,仰融对把金杯客车运作到海外上市并无十足把握。他甚至连英语都不会讲,美国也没去过几次,更严重的是,他的财务状况开始令人担忧。

之前入股金杯已经消耗掉仰融的大部分财力,他此时已无力支撑局面。与此同时,海南华银也被卷入一场金融诈骗案中,因涉嫌"国有资产流失",被立案侦查,银行账户被查封,流动资金被冻结。一时间,海南华银自顾不暇,仰融找不到资金来源,陷入困境。

就在仰融愁眉不展之际,他突然想到宾馆地下室里的那些金杯汽车股票,不禁精神大振:只要能把金杯汽车公司运作到股票交易所,一旦股票能够上市流通,460万股压箱底的股票纸便可轻松套现,那将是一笔数目巨大的资金!

于是,仰融再次奔赴沈阳,与赵希友商讨上市事宜。赵希友一定还记得与仰融初次见面时的情景,那时仰融说要把金杯送到海外上市,他对此还将信将疑。接下来的半年时间,仰融入股金杯汽车,组建金杯客车,事情做得干净漂亮,融资能力超凡入圣,令赵希友心悦诚服。但赵希友心中还有一个沉重的包袱,金杯客车成立后,金杯海狮迟迟未能下线,维持汽车制造正常运转仅凭仰融一人之力显然不够,金杯公司势必要走上市融资的道路,而这恰恰不是赵希友擅长的。此时,仰融的再次出现给他带来一线曙光。

仰融向来善于煽动人心,此时正值国有企业破产狂潮,他便抓住这点大肆发挥,鼓动赵希友把金杯汽车运作到证券市场,借助股市筹集资金,帮助公司走出困境。他一面危言耸听,一面循循善诱,慷慨激昂的言语激起赵希友心中无限遐想。这位老之将至的改革家仿佛看到一个汽车帝国的辉煌图景,因此毫不犹豫地决定与仰融共谋大业。

无论当时还是以后,仰融与赵希友都可谓一对奇妙的组合。两人一个是资本狂人,一个是实干专家;一个凭借金融手段,尽情玩弄资本,一个毕其精力,视金杯汽车如生命;前者具备思想上的张力,后者则富有极强的行动力。二者无高下之分,却有境界之不同。赵希友之所以推行股份制,不惜血本卖股票,名义上是筹措资金,根本目的却是为保障金杯汽车发展;仰融则不同,或许是自由散漫的性格使然,他的行为方式天马行空,不受羁绊,目的只有一个:聚敛财富,多多益善。

一个刚从沉闷、蒙昧状态中解脱出来的社会,并不缺乏脚踏实地的实干家与锐意进取的改革者,反而是那些花招迭出的生意人更能蛊惑人心。仰融身边之所以能聚集起苏强、洪星等一大批优秀人才,拉拢到众多德高望重的权贵人士,与此不无关系。而多年后,赵希友头发花白、暮气沉沉,坐在沈阳的家中回忆往事,仍旧对"仰老板"念念不忘,深信不疑,可见仰融人格魅力之大。

那天,仰融推开虚掩的木门,走进赵希友的办公室。二人推心置腹,言谈甚欢。期间,仰融认为时机已经成熟,应该立即着手运作金杯汽车国内上市。而赵希友也希望能从社会上获得资金支持,因此与仰融一拍即合。就这样,对未来的深信不疑以及暂时的共同利益,把性格迥异的二人捆绑到一起,由此,二人开始为金杯汽车国内上市积极筹划。

仰融与赵希友密谋上市的 1991 年,中国汽车产业正在经受一次摧枯拉朽的蜕变。这年冬天,"上海"牌轿车停产,正式宣告国产轿车品牌消亡。闻此消息,许多人不远万里赶赴上海,争相与最后一辆"上海"轿车合影告别,人们眼含泪水,手扶车身,无限感伤。而上一次出现这种场景则是四年前"红旗"牌轿车停产之时。自从 1958 年驶下生产线以来,"红旗"与"上海"便被视作国产汽车自主品牌的骄傲。如今,曾经红极一时的老牌国营品牌相继凋零,一个时代终于在恋恋不舍中褪去它最后一道余晖。

国产汽车的衰落也预示着一个新纪元的到来。1991 年 11 月 25 日下午，上海轿车厂生产完最后一辆"上海"牌轿车后，在一声爆破声中夷为平地，那里将作为与德国大众合资企业用地。后者靠一款在欧洲销量和口碑稀松平常的"桑塔纳"，轻而易举地占据中国轿车市场半壁江山。由此，西方汽车制造商从石油危机和车市疲软的困境抽身，纷纷涌入中国国门。一时间，中外汽车联姻以燎原之势蔓延开来，合资公司遍地开花。1991 年年初，广州市政府与法国标致汽车公司签订协议，声称要在 1992 年年底之前，把法国生产的标致 505 型系列轿车全部移到广州生产。紧接着，中国汽车工业最大的合资企业"一汽大众汽车公司"宣告成立，投资额为 42 亿元人民币。十个月后，国产捷达上市。与此同时，二汽与法国雪铁龙汽车签署合作协议，一举将轿车年生产任务定为 30 万辆。

大浪淘沙，1991 年的街道上，富康、桑塔纳取代老吉普、小面包。合资品牌高歌猛进，国有老厂惨淡萧条、垂死挣扎。汽车界的这场大变革轰轰烈烈，与其说是潮流使然，不如说是政府主导。就在这年 5 月，国家有关部门决定，未来 4 年将报废 170 万辆公务用车，将从与美国、日本、德国和法国的合资工厂采购新车，而把国有汽车厂排除在外。看来，政府是有意把国有企业置于市场竞争之中，接受优胜劣汰的洗礼。然而，对于经营状况不佳的金杯汽车来说，却是生死攸关的考验。

此时的金杯汽车仍是一盘散沙，临时拼凑起来的几十家汽车厂各自为政，人浮于事，难以形成凝聚力。被寄予莫大希望的金杯客车由于缺乏资金支持，主打产品海狮客车迟迟无法下线。就在合资品牌大肆扩张之际，整个金杯汽车却拿不出一款像样的产品。面对来势汹汹的外国汽车，公司内外都无计可施，只能眼睁睁地看着市场份额急剧萎缩。沈阳市政府看得很清楚，金杯汽车一天天困顿下去，长此以往，这家寄托无数人希望与心血的国有企业终将被市场所淘汰。与中国其他地方的情形类似,沈阳市并不想作壁上观,官员们已经开始忙着开会,商讨解救方案。因此,当赵希友把国内上市的方案提交上去的时候,几乎没受到什么阻挠,就得到市政府同意。

有了沈阳市政府的支持,仰融与赵希友顿觉信心倍增,接下来要做的就是跑批文。为此,仰融奔赴北京,兴致盎然地找到一家名为"国务院证券管理办公会议"的机构,把心中的想法和盘托出。令人意外的是,这家单位只是一个临时性组织,懒散无序、效率低下,而且并不直接审批公司上市。就这样,仰融在京城兜了一个大圈子,最后意兴阑珊地返回上海。他在东湖宾馆休息一晚,第二天上午便去设在浦江饭店孔雀厅的上海证券交易所,向当时的总经理尉文渊陈述详情。那时上交所成立一年有余,仍无甚作为,上市公司多是一些中小型乡镇企业,股本金一般只有数百万元,形不成大气候。此时仰融提出让资产过10亿的金杯汽车在上交所上市,无异于凭空出现一只大盘股,令尉文渊眼前一亮。然而,这个精明干练的负责人很快冷静下来,小盘股虽然搞不出名堂,却也不会产生大风险,而金杯汽车一旦在上交所上市,势必将对股市乃至整个社会经济产生影响,其中蕴藏何种风险,更是难以预料。所有这些,尉文渊不得不谨慎对待,三思后,他委婉地拒绝了仰融的请求。

那天,从浦江饭店空手而出,仰融心有不甘,又马不停蹄地前往上海市政府。当时国内还未建立起完善的证券监管体系,证券交易所由地方政府直接管理。仰融说服不了尉文渊,便决定釜底抽薪,从上海市政府入手,打通上市通道。他向工作人员说明来意,恭敬地递上金杯汽车的上市报告。不曾想到,上市报告犹如石沉大海,递交上去以后就没了下文,此后一连等待多日,仰融一直得不到反馈信息。由此,金杯汽车国内上市的计划陷入停顿。

3

另请高明

1991 年初冬的一天,百无聊赖的仰融取道香港,向一位名叫游铁成的老友请教前程。

在仰融的交际圈中,游铁成颇有些来历。此人祖籍福建永定,后随父侨居香港,常年从事外贸生意,海外亦有产业,眼界开阔,头脑精明。其父游尚群是一名老共产党员,早年在香港从事地下活动,新中国成立后转而经商,创办裕华国产百货与三洋有限公司,后与徐四民一道创办香港《镜报》,以"振兴中华,诚实敢言"为口号,为社会各界所称道。身处如此家境,游铁成与内地往来频繁,早在 20 世纪 80 年代末便与仰融结识,对其海外上市计划极为赞同。

那天在游铁成的办公室中,仰融敞开心扉,大谈金杯汽车国内上市之艰难,言谈中不乏失意之情。游铁成心肠颇热,最好为人排忧解难,此时听仰融如此一说,便建议他先把此事放一放,等局势明朗再做不迟。为转移话题,他主动提及仰融颇为得意的海外上市计划。听闻至此,仰融不禁精神大振,畅谈金杯客车海外上市计划,还少有谦虚地请游铁成"多多帮扶"。游铁成常年在欧美走动,对西方世界的游戏规则十分熟悉,鉴于中美关系一时紧张,他建议仰融不妨先在香港、新加坡与加拿大试水。这与赵希友等人的意见不谋而合。早在组建金杯客车时,赵希友、夏鼎钧等人便建议仰融选择与深圳只一江之隔的香港作为上市地点。此时,游铁成再次提议,仰融便听其建议,到香港税务局商业登记处,以1万港币注册成立了一家名为裕港国际有限公司的贸易公司,然后马不停蹄地回到内地,开始筹划金杯客车赴香港上市。

然而,香港试水计划也没了下文。此时,仰融的不安分再次发生作用,他抱着"要给中国扩大一点国际影响"的想法,把海外上市地点锁定为美国纽约。在一次小型会议上,他这样解释:"金杯在纽约证券交易所上市,能够产生世界震撼力,让全世界都看到中国企业走进了国际资本市场。"仿佛为了引起人们的共鸣,他顿了顿,接着说道:"再以人权为借口,对我们加以经济制裁,搞经济封锁将是徒劳无用的。"就这样,仰融把上市目标换成美国,他要闯入纽约。多年后,仰融接受记者采访,回忆至此,颇为感慨地说:"那个时候是人有多大胆,地有多大产。"

实际上,此时的仰融空有一腔热血,关于美国上市怎么操作,却没有答案。他心里没谱,去找刘鸿儒请教,却被泼了一头冷水:"你以为美国是什么地方?你这样肯定不行!不可能!你们太天真!"刘鸿儒不曾料到,这番话非但没有阻止仰融,反而激起他的万丈雄心。与那个年代大多数白手起家者一样,仰融身上有一股不服输的气概,明知不可为而为之,形势越艰难,斗志越激昂。1991年的冬天,就在四川人牟其中做成"罐头换飞机"的交易,把他的商业理论宣传得沸沸扬扬之际,仰融登上前往纽约的飞机,为被认作天方夜谭的上市计划寻找实现的可能。

此时,大洋彼岸,老友游铁成正翘首以待。

游铁成在纽约有一家经营小商品进出口业务的贸易公司，仰融赴美之前，他恰好在纽约处理公司业务。那天，游铁成从飞机场把仰融接回住所，两人彻夜长谈，仰融把美国上市计划和盘托出，并直言难处，请求游铁成帮忙。游铁成对证券行业所知甚少，对于如何把一家国有企业搬到海外上市也是一窍不通，但他本是义气之人，与仰融相交多年，深知其脾气秉性，加之美国上市于国有利，因此决定鼎力相助。

第二天，游铁成开车，陪同仰融进出华尔街各大金融机构考察，并去纽约证券交易所咨询上市事宜。然而，一天下来，两人除了一身劳顿，并未得到有价值的信息，美国上市仍旧毫无门路。回到住所，看着仰融郁郁寡欢的样子，游铁成突然想起一个人来。他连忙对仰融说："我这里有个兼职顾问汪康懋，以前在美林证券做过事。"看到仰融突然精神倍增，神情专注地倾听，游铁成接着说："我想这里面的过程他应该是知道的，我把他推荐给你，你看看能不能用他，让他带着你去跑跑。"仰融本是草根出身，缺乏金融方面的系统教育与专业训练，对美国金融界的事情一窍不通，正愁无高人指点，此时听闻游铁成认识这么一个人物，自然大感兴趣，连忙催促游铁成安排约见此人。①

多年后，仰融与汪康懋第一次见面时的情形仍会被反复提及。那是一个冬日的午后，北风凛冽，天色阴沉，仰融穿着厚重的军大衣，走在高楼林立的华尔街上，面对迎面而来的汪康懋，大声说道："我们要把五星红旗插到这片土地上。"汪康懋是一位豪气干云的爱国人士，虽身在海外多年，却心系祖国，不忘为

---

① 汪康懋，1948 年出生于上海。曾到云南下乡插队，期间，凭借一本袖珍英汉词典，翻译出百万字的《林肯传》。恢复高考后考入北京大学，参加厉以宁领导的改革开放策略研究小组。大学毕业，到上海交通大学管理学院任教两年。尔后仅带 30 美元自费留美，相继获得全球金融排名第一的纽约大学斯顿商学院金融管理学硕士学位，斯特拉斯克莱德大学金融与会计学博士学位，后在美林证券、潘恩韦伯等多家金融机构任职，对华尔街尤为熟稔。1992 年 1 月，汪康懋作为一名外籍专家正式加入华晨，担任常务副总裁，直到 1995 年才离开。

改革开放建言献策。早在仰融涉足股市之前,他就在国外大声疾呼,提议中国企业走股份化道路。1988年,国内通货膨胀严重,他率先向国务院倡议金融调控措施及保值储蓄方案。后来,美国对中国进行经济制裁,他在海外发表一系列署名文章,呼吁公平待遇。汪康懋当时已过不惑之年,但听闻仰融如此壮怀激烈的话语,不禁怦然心动。

异国街头,彼此陌生的两人以这样的方式展开对话,一时间,惺惺相惜,相见恨晚。一番交谈下来,仰融对汪康懋颇有好感,认为此人不仅知识渊博、素养深厚,而且厚道直爽,是个能够共事之人。于是,他痛快地对汪康懋说:"干脆你过来吧,我给你3万美元的年薪。"

20世纪90年代初,美国白人家庭年收入约为3.7万美元,仰融开价3万美元年薪聘请汪康懋做兼职顾问,出手之大方令人刮目相看。然而,汪康懋是个耐得住清贫、守得住寂寞的人,与其说是被丰厚的待遇打动,不如说是被仰融描绘的宏伟前途所吸引,因此才不假思索地决定帮助仰融,他还拉来课余时间为自己打零工的哥伦比亚大学在读博士生洪星,一起转投仰融门下。

加入仰融的团队后,汪康懋首先飞回国内,到沈阳去考察金杯汽车的上市基础。那时沈阳有一条东北大马路,沿街五六公里,分布着钢厂、钢管厂、起重机厂、建筑机械厂、陶瓷厂等濒临破产的国有老厂,在当时被戏称为"亏损一条街"。马路走到尽头,便是金杯汽车的工厂区。汪康懋乘车一路驶来,看到马路两旁凋敝的景象,已经对中国国有企业的落后状况有一定的心理准备,然而,直到在金杯公司里里外外转了一圈,他才真正感到为难。扑入汪康懋眼帘的这家老牌汽车厂,破落、沉寂、衰败,犹如日薄西山的老人,毫无生气。"50来个部件厂,很粗放,很差,手工作坊型的,根本拿不出手。"更令汪康懋感到难堪的是,"工厂的厕所是漏风的",以至于随同前来的国际会计师事务所的女会计师都不愿进去。唯一令人稍感安慰的是总装车间中的几台德国进口设备,以及从日本租赁过来的模具设备。这样的家底,即便以外行人的眼光来看,用"寒酸"一词形容也不为过。据汪康懋粗略估算,当时金杯汽车净资产不过 1 亿元人民币,远非外界所传的 10 亿元人民币之多。

不仅如此,被仰融视作优质资产的海狮生产线也令人遗憾。作为主打产品的海狮客车每年只能卖出约 2000 辆,国产化率严重不足,高达 99％ 的零部件需要从日本进口。恰逢日元汇率狂涨,汪康懋敏锐地意识到,金杯汽车一定是"现金流出现很大的危机",所以才把希望都寄托在仰融身上,而仰融的难题在于找不到上市方案。当时国内还没有完善的法律,会计制度也不健全,会计和法律制度与国际不接轨,西方国家对中国企业一直持怀疑态度,不相信中国企业能拿出良好的账目供人查阅。因此,拿出一套既符合西方上市要求又不损害中方利益,同时最大限度降低政治风险的海外上市方案成为当务之急。

沈阳考察完毕,汪康懋直奔上海,找到正为金杯汽车国内上市忙得焦头烂额的仰融。时值岁末,天气阴冷,寒风瑟瑟,二人坐在东湖宾馆七号楼的会客厅中,围绕金杯客车美国上市侃侃而谈。汪康懋与仰融各具特色,前者是金融方面的专家,在华尔街游刃有余,而后者则是玩弄资本魔方的高手,在国内人脉深厚。面对把中国企业搬到美国上市的宏伟目标,两人雄心恻隐,蠢蠢欲动,最终达成默契:一个主外,负责美国事务;一个主内,负责国内事务,内外联动,同谋大事。为方便做事,汪康懋正式加入华晨,仰融给他的名分是常务副总裁,全权负责美国上市一切事务。

随后,汪康懋马不停蹄地返回美国,拉来一帮投资银行家、会计师和律师,组成专业团队,为金杯客车在纽约证券交易所上市竭尽全力。

4

基金会应运而生

就在汪康懋在纽约展开一系列令人眼花缭乱的前期工作时,仰融运作金杯汽车国内上市无果,蛰伏在上海东湖宾馆七号楼,静观时局变化。

焦灼无望中,1991 年结束了,接下来的一年,是改革开放的春天。

1992 年开春,邓小平去南方视察,一路到过武汉、深圳、珠海、上海等地。八十八岁高龄的他用一句"计划多一点还是市场多一点,不是社会主义与资本主义的本质区别"的讲话结束了姓"资"姓"社"的争论,从此官员头上的符咒被解除,发展成为"硬道理"。

"南方讲话"如春风化雨,一时间,旧弊尽数被雨打风吹去,各种新鲜事物纷涌而入。中国男子足球队顶着"让外国人说了算"的压力,聘用外籍教练;摩托罗拉手机被进口到国内,成为最早的"大哥大";上海街头,时尚青年模仿外国明星,穿着破洞牛仔裤,招摇过市;深圳,股票认购证销售点排起长队,100 万人苦苦等候,仍是一证难求。现象背后,是市场经济意识的萌发,是"效率"与"金钱"观念开始大行其道,更是改革开放政策深入人心。

大环境的迅速解冻令仰融心潮澎湃,就在邓小平从南方返回北京后不久,他鼓起勇气,给中央高层写了一个报告,说,"既然国内有了 A 股,那么还应该推荐一个公司到纽约股票交易所,表示中国企业要国际化,中国要国际化,以此说明中国新一代领导人继续走邓小平改革开放路线不变"。令人惊喜的是,没过多久,这个计划便得到高层批准。

然而,批准归批准,真正要把一家乏善可陈的企业运作到国外证券市场,仍面临一大堆困难。当时的中国经济百废待兴,证监会尚未成立,《公司法》与《证券法》还在酝酿当中,国内既无符合国际规范的会计制度,也无成熟的经营管理方式,无论是"厂长"还是"经理"都是各自为战,凭经验行事。而纽约证券交易所又是一个审批条件极为苛刻的机构,在国际上素以严格著称,即便是经济发达如我国香港、台湾地区都没有企业在那里上市,整个纽约证券交易所唯一与中国相关的东西就是 1986 年邓小平赠送的一张飞跃音响股票,此外别无他物。这样的情况下,要把一家毫不起眼的中国企业运作到那里上市,可谓史无前例,不仅对仰融是个巨大的挑战,对于工作重心刚刚转移到经济领域的中国也是一个全新的课题。

由于课题太新,大多数政府官员和金融学者显得信心不足,极少有人看好仰融的上市计划。仰融看得很清楚,实际上,这里面蕴藏着极大的政治风险。一旦上市失败,不仅会损失上百万美元中介费用,更严重的是,还可能因此给国家形象抹黑,造成不良国际影响。倘若追究起来,后果不堪设想。但他思量再三,"明知山有虎,偏向虎山行"的冒险天性最终占了上风,在一片缩手缩脚、畏葸不前中,他决定大胆试一试。为了降低风险,他与赵希友特地成立了一个对外保密的上市小组,开始"夜行军"。

国内形势持续好转,到了 3 月,为期三年的治理整顿宣告结束,下海潮起。

李宁、黄婉秋、张海迪、陆文夫、王朔等人各显神通。其间中共元老薄一波之子薄熙成最为知名,他辞去北京市旅游局局长公职,创办了一家酒店管理公司。而这被广泛理解为"政治正确"给"发展经济"让路的讯号。

受到这般鼓舞,仰融迫不及待地飞往香港,把数月前注册的裕港国际有限公司更名为华晨集团有限公司。之前,这家公司既无实际业务,也未发挥任何作用,因此被许多人视作空壳公司。然而,很快它就将成为仰融的资本棋局中重要一子。更名完毕后,仰融随即赴美,正式启动上市计划。穿行在繁华热闹的纽约街头,他感到时不我待,一股豪情壮志在胸中激荡,忍不住对陪同在侧的汪康懋说:"我要找最好的投资银行,最好的律师事务所,最好的会计师事务所,一定要把美国上市的事情做起来。"

与当时国内 A 股上市的审批制不同,海外上市的关键是投资银行有兴趣有能力包销①,类似核准制。由于投资银行在海外金融市场上具有一定的话语权,通常情况下,只要获得信誉声望较高的投行认可,海外上市的成功率便会大大提高。另外,投行的包销费用、收购价格等都可以谈判,具有很大的操作空间。

汪康懋在华尔街闯荡多年,对此驾轻就熟。没过多久,他就找到瑞士信贷第一波士顿、美林证券和所罗门兄弟三家著名投资银行,以及美国格信律师事务所和安达信会计师事务所,表达合作意向。这些投资银行和事务所都是当时的国际顶尖机构,一向盛气凌人,即便面对美国资本家也是趾高气扬,但当他们听完眼前这个中国男人的话语后,居然无一不放低姿态,表露出极大兴趣。

---

① 包销:投资银行业务之一,即主承销商和它的辛迪加成员同意按照商定的价格购买发行的全部证券,然后再把这些证券卖给它们的客户。这时发行人不承担风险,风险转嫁到了投资银行的身上。其中,辛迪加是资本主义垄断组织的重要形式之一,是指由同一生产部门的少数资本主义大企业,通过签订统一销售商品和采购原料的协议以获取垄断利润而建立的垄断组织。

　　美国人之所以会对这桩生意感兴趣，与其说是认同其盈利能力，被高达
7％的佣金打动(远远高于一般 2.5％～3％的水平)，不如说是对第一家中国概
念股的青睐。当时国际风云激荡，中美关系阴晦不明，在僵局中徘徊，由于缺乏
有效交流，美国资本对中国这个陌生的国度充满想象，面对主动送上门的金杯
客车，自然产生兴趣甚至好感。然而，鉴于金杯客车是一家中国内地合资企业，
投资银行和会计师事务所无一例外地推荐汪康懋去香港，找设在那里的负责中
国事务的香港分部洽谈具体合作事项。

　　汪康懋把上述意见转达给仰融。于是，仰融再次赴港，经游铁成引荐，与安
达信律师事务所香港合伙人李国荣①面谈。此人能力出众，才华过人，刚刚 30
出头，就已经是国际顶尖会计师事务所地区负责人，在香港金融界名噪一时。

　　面对这样一位年纪相仿的财会专家，仰融心中顿生好感，于是把海外上市
计划，以及由此产生的种种困惑和盘托出，请求指教。尽管见多识广，阅历丰
富，但当李国荣听闻仰融那一系列想法时，不禁对眼前的这个同龄人另眼相看，
他颇为赞赏地说，"仰先生，这个构想很有创意，以前我从来没有听人提出来过，
很值得我们研究，把事情做下去"。得到这样的肯定，仰融信心大增，与李国荣
促膝长谈，就金杯客车在纽约证券交易所上市的注意事项等问题进行深入
交流。

　　当时关于公司资产在中国境内的企业到海外上市采取何种方式，并无明确
政策规定。因此，仰融一直拿不定主意，金杯客车究竟应该以何种方式上市。
按理说，合资公司中，金杯汽车是最大股东，理应以中国公司的身份到海外上

---

　　① 李国荣，香港人士。早年毕业于加拿大阿伯特大学金融财务学科，因学业优异，被安
达信会计师事务所香港分部看中，加入安达信后，其能力得到极大发挥。在警方调查香港
史上最复杂的商业犯罪案件佳宁金融诈骗案期间，李以财务专家身份协助调查。他从几层
楼高的账本中查出假账证据，为案件侦破提供审讯依据，后被破格提拔为香港分部负责人。
当时驻香港六大会计师事务所中，李是唯一一华人主管。

市。但由于金杯汽车属于中国国有大型企业,归属沈阳市政府管理,直接导致金杯客车的控股方为中国政府。当时的情况下,以社会主义国家的国有资产到推行资本主义的美国上市,不仅中国政府不会批准,就是美国证券交易委员会也难以接受。因此,仰融便设想把金杯客车中自己的股权拿到海外,以个人名义上市。然而,这个想法刚一提出,就遭到李国荣极力反对。由于西方社会对中国缺乏了解,认为中国的企业都是公有企业,实行社会主义制度的中国不存在真正意义上的私营企业家。若以个人名义到纽约证券交易所注册上市,必须提供精细的财务来源证明。"如果没有个人税单证明,就是不正当资本来源。"仰融内心很清楚,自己早年从股市上赚来的钱暧昧不明,若强行上市,势必会引来非常繁琐的调查,权衡一番后,他最终放弃了这个方案。

看到仰融左右为难,李国荣出主意说,不妨到百慕大注册一家控股的壳公司,置换股权后,以此为主体到纽约申请上市。听闻此言,仰融不禁眼前一亮,到百慕大注册壳公司可谓小事一桩,一年前他就曾去那里注册华晨控股,此时早已轻车熟路,如果这个方案可行,必将加快金杯客车的上市进程。于是,仰融迅速通知身在纽约的汪康懋,让他咨询该方案的可行性。然而,没隔多久,汪康懋便传回一个令人泄气的消息:美国律师事务所以无此先例为由,对该方案表示反对。仰融左思右想,认为这是唯一出路,就这样放弃心有不甘,于是便致电李国荣,请求他通过安达信芝加哥总部代为咨询。不久后,仰融收到李国荣回复称:无论是美国证券法还是美国证券交易委员会,对此均无明文规定。按照美国传统,"法律没有做出禁止的,均视同可行"。于是,仰融开始放心大胆地策划实施新方案。

显然,到百慕大成立壳公司不能以个人或国家名义注册,然而,新公司究竟应该由谁来充当股东,担任名义上的法人,仰融一时间也理不出头绪。

时光飞逝,转眼已是 4 月底,就在事情陷入僵局之际,仰融突然想到刘鸿儒、徐文通等人正在筹办中国金融教育发展基金会。假若把华博财务持有的金杯客车资产挂靠到基金会名下,再以挂有"中国"名号的基金会出任股东,借助其"民间非营利组织"的身份①到百慕大注册壳公司,然后拿到纽约证券交易所上市。如此,一方面可以避开美国证券交易委员会对公司股东合法财产的审查,另一方面可以激发投资商的强烈兴趣,同时还能避免国有资产海外上市的尴尬,可谓一石三鸟。

考虑到此,仰融迫不及待地和汪康懋取得联系,让他咨询计划的可行性。格信律师事务所工作人员检索完数据库后对汪康懋说,"美国的上市公司中,目前还未有由基金会控股的案例"。随后汪康懋查遍美国证券交易委员会法律法规,均无禁止规定。汪康懋随即把这个振奋人心的消息传回国内,组建工作由此拉开帷幕。

根据政策规定,申请注册基金会,须有 10 万元人民币以上的注册资金,且应具备相应的章程、工作人员、管理机构和固定办公场所,满足以上条件后,报经人民银行审查批准,到民政部门登记注册,领取许可证后即可从事相关业务活动。

于是,5 月初,仰融取道北京,拜见刘鸿儒、徐文通等一干故交,获得众人支持后,几经辗转,终于通过时任中国人民银行常务副行长的郭振干拿到批文。至此,事情已经成功一半,为避免日后引起纷争,仰融暗中安排华博财务与华晨集团签订协议,委托华晨集团代表华博财务参与筹建中国金融教育发展基金会。协议规定:"设立和运作该基金会的资金由华博财务提供,其权利、义务由华博财务享有和承担,华晨集团不享有承担该项投资的任何利益与风险。"

随后,经仰融多方运作,中国人民银行教育司、中国金融学院、海南华银和

---

① 根据 1988 年 9 月 27 日国务院颁布实施的《基金会管理办法》规定,基金会是国内外社会团体和其他组织以及法人资源捐赠资金进行管理的民间非营利组织,属于社会团体法人,其宗旨是通过资金助推进行科学研究、文化教育、社会福利和其他公益事业的发展。

华晨集团四家单位作为发起人,中国人民银行教育司从"事业创收"资金中拿出10万元,连同华晨集团的200万元(由华博财务通过上海交通银行账户划拨)作为注册资金,以华博财务北京办事处租借的崇文门东大街23号院东二楼作为办公地点。满足所有注册条件后,5月14日,仰融到民政部备案,拿到"基证字第0063号"的批准文件,正式注册成立中国金融教育发展基金会。基金会成立后,时任中国人民银行副行长的尚明出任会长,仰融担任副会长,夏鼎钧与官浩任副秘书长。

基金会的出资中,仰融的香港华晨集团控股提供了绝大部分资金。在国内,根据隶属关系以定资产,即资产属国有资产;而在国外,会计师则可根据实际出资认可中国金融教育发展基金会为香港华晨集团的资产。基金会在国内的股本状况并不影响仰融在海外的资产运作,可谓资产会计领域的"一产两制"。由此为仰融的海外上市提供了一个完美的外壳。

5月26日下午2时,中国金融教育发展基金会在人民大会堂召开成立大会。各路金融要员、专家、学者济济一堂,共同庆贺这一金融界的大事件。仰融以副会长身份迎来送往,面对热闹喧哗的场面神思遐想,不禁为自己的奇思妙想暗暗称赞。以一个具有央行背景又是非官方身份性质的基金会作为主要股东,巧妙化解了海外上市遇到的重重障碍,"四两拨千斤"之手法堪称精妙。然而,令仰融无法预料的是,10年之后,正是这出精彩绝伦的设计,导致其悲壮出局。

5

换　股

　　1992年,中国金融教育发展基金会的出现令陷入停顿的海外上市得以继续进行。

　　6月初,仰融把华博财务持有的金杯客车股份转挂在中国金融教育发展基金会名下,而后奔赴百慕大,以基金会名义注册成立华晨中国汽车控股有限公司(简称华晨汽车,Brilliance China Automotive Holdings Ltd.,英文缩写BCA)。这个华晨汽车,就是即将赴纽约上市的壳公司,也是日后仰融运作华晨系的雏形。

　　表面看来,华晨汽车的股东是中国金融教育发展基金会,但实际上由华博财务100%控股,全部资产就是华博财务持有的金杯客车股份,而基金会不过是为海外上市设立的一个名目,并无实权。华晨汽车成立后,公司管理层没有基金会人员,而是清一色的上市小组成员,其中仰融担任董事长,赵希友任副董事长,汪康懋任董事、副总裁,夏鼎钧和宫浩任董事。"仰融只不过借用了一下基金会的名义,完成上市以后,不可能和他们一直保持什么关系"。正如汪康懋所说,日后华晨汽车一切日常事务,都不向基金会汇报,基金会也不必对华晨汽车负责,即便开董事会,基金会都不派人来。①

从一开始,基金会就是一个被操纵利用的角色。据国内多家媒体披露,华晨汽车成立之初,基金会曾收到国资局一个函件,其内容是:"我局为了探索境外国有资产管理模式的需要,现正式委托贵会代表我局投资于华晨中国汽车控股有限公司,金额为1530万美元。资金由我局支付,贵会作为代理人不承担此项投资的所有风险,也不享有此项投资的所有权益,华晨的所有股权及股票收益归我局所有。作为补偿,我局同意对贵会进行赞助和支持,包括贵会设立优秀教师奖、优秀学生奖和优秀科技工作者奖共计人民币300万元整等。"由此看来,基金会只是受托方,仰融一系列令人眼花缭乱的操作背后,始终有政府的影子。

20世纪90年代,"红帽子"企业流行一时,民营企业纷纷挂靠在政府名下,寻找政治庇护。华晨汽车盘根错节的幕后关系,分明是时代打下的深深烙印。而仰融自以为精明过人,游走于时局内外,频频与政府博弈,却不知多年之后,正是这层已经渐渐淡去的关系,一举终结自己的风光岁月,不知是个人的宿命,还是时代的悲哀。

华晨汽车成立后,因为要与国际接轨,汪康懋便按照美国上市公司中通行的惯例,设置了管理层持股,其中仰融、夏鼎钧、宫浩各1万股,汪康懋8000股,赵希友3000股,苏强约1000股。但由于上报给美方的控股股东名单既非华博财务也非金杯汽车,而是中国金融教育发展基金会,导致华晨汽车将以"国有企

---

① 相关内容请参见《经济观察报》2002年7月记者王锐撰写的《华晨汽车原董事汪康懋:我帮仰融美国上市》一文。

业概念股"的名义上市,因此对于个人持股的比例,汪康懋不敢设得太高,所有的管理层持股不到总股本的 3％。

这个配股方案并未引起预想中的阻挠,仰融由此以为万事大吉,正准备回头处理金杯汽车事务时,接到汪康懋从美国传来的一个坏消息:由于华博财务在金杯客车中仅有 25％的非控制性股权,达不到美方财务与法律制度"单一职能上市公司,对旗下资产必须有 51％以上控股权"的要求,即便灵活解决了上市公司的股东难题,仍旧无法满足纽约证券交易所上市条件。

根据美国《证券法》规定,上市公司必须出具合并报表①。华晨汽车通过华博财务间接参股金杯客车,且只占 25％股份,无法合并金杯客车的财务报表,只能将其利润计算为自己的投资收益,达不到上市要求。为此,华晨汽车需控股 51％以上,也就是说在金杯客车的股权结构中,华博财务至少需要增持 26％的股份。以仰融的活动能力,把海南华银所持有的 15％股份拿过来不是问题,然而,如何从金杯汽车方面得到另外 11％股份,是一个棘手的难题。

1992 年夏天,仰融前往沈阳,会见赵希友。在赵的办公室,仰融开门见山,"美国上市,华博财务必须控股 51％以上,你至少要让出 11％的股份"。赵希友闻听此言,大惊失色。当时政策规定,合资公司中外资企业不能处于控股地位,何况汽车工业属于国家重点行业,更需保持独立性,自己作为国有企业管理者,断然不敢背负"国有资产流失"的罪名。因此,他以"国家政策不允许"为借口,坚决拒绝仰融。赵希友的难处,仰融知道得很清楚,但形势所迫,必须有一方作出让步,否则前功尽弃,到头来徒劳一场。思量再三,他决定去找沈阳市市长武迪生,面陈详情。

---

① 合并报表,亦称合并财务报表,指综合反映以产权纽带关系而构成的企业集团,在某一期间或地点整体财务状况、经营成果和资金流转情况的会计报表。合并报表由企业集团中的控股公司于会计年度终了时编制,主要服务于母公司的股东和债权人。

　　令仰融大感意外的是,事情上到政府层面反而进展得比较顺利,几乎没有多少波折,武迪生便以"为支持国内第一家企业赴国际上市"为由,痛快答应其请求。作为金杯汽车的上级主管,沈阳市人民政府具有审批监管的权力,但把偌大一块资产拱手让人,在当时的环境下,实在是一项极为冒险的决策。事后看来,武迪生之所以敢于作此决定,如果不是得到高层的暗示或默许,一定是在海外上市的美好图景前丧失了应有的政治敏感。

　　7月,经沈阳市经贸委批准,仰融进行了精心安排的换股。他首先将华晨汽车21.75%的股份转让给金杯汽车,置换后者在金杯客车中11%的股份,然后与海南华银达成协议,取得其在金杯客车中15%的股份,最终实现增股26%。这一过程中,金杯汽车得到华晨汽车21.57%的股份,并通过华晨汽车间接持股金杯客车的11%的股份(21.57%×51%),加上直接持股的49%股份,仍然持有60%的实际权益,但其地位下降却是不争的事实。日后,无论是金杯客车还是华晨汽车,都是仰融独掌大权。仰融在放大自己利益的同时,也开始清理战场。正是通过这次换股,收购资本的提供方——与仰融关系暧昧的海南华银被洗牌出局,此后步步沉沦,每况愈下。而与仰融关系亲密的徐文通全身而退,名字最终出现在香港华博财务管理层。更为重要的是,经过这一系列资本重组,华晨汽车在金杯客车中的股份增加到51%,成为绝对控股方,达到美国上市要求。

　　就这样,仰融为华晨汽车海外上市扫清了最后一个障碍。与此同时,上交所的大门也慢慢向金杯客车打开。

6

成功上市

　　锦上添花的是，华晨汽车上市前夕，停滞许久的国内上市计划终于有了下文。

　　7 月 20 日，经中央领导批示，金杯客车上市方案最终顺利通过。当天的《上海证券报》刊登其《股票上市报告书》，向公众披露金杯客车的上市详情。6 天后，金杯客车 A 股在上海证交所挂牌交易，股票代码 600609，发行流通股股数 1000 万股，每股面值 10 元。与当时市面上流通的飞乐、爱使等"老八股"相比，金杯客车属超级大盘股。开盘当天，股票从 10 元迅速飙升至 120 元，全天最高价 177.75 元，收盘价 164.50 元，引起上海股市强烈震动。

　　根据当时政策规定，外资企业不能持有国内上市公司股票，仰融一年前以华晨控股名义买下的金杯股票必须全部抛售。而传言中他从股市捞得一大笔钱，就是发生在这期间。按照 7 月 26 日当日上交所股市均价 154.08 元计算，

460 万股股票市值达 7.0876 亿元人民币。即使按照最低价每股 120 元计算，460 万股金杯客车股票价值 5.52 亿元人民币。实际上，仰融手中股票并非一次性抛售，而是陆续出售，至售完时，总收益至少不低于 5 个亿。

大钱入账，仰融游走各方后劲十足。8 月初，他轻而易举地拿下沈阳市人民政府、机械工业部、对外经济贸易部、国家计划委员会、国家外汇管理局和中国人民银行六大部门批文，为金杯客车海外上市取得官方批准。而此间发生的一个小插曲再次印证了他惊人的活动能力：美国律师不相信仰融能在极短时间内拿到六大部门批文，对文件真实性产生怀疑。为打消美国人疑虑，仰融再次赴京，找到在国外颇有口碑的环球律师事务所，对六份批文的内容和文字进行查验，并在核实后出具符合西方法律规范要求的见证书。拿到见证书时，美国律师既惊讶又佩服，最终把华晨汽车的上市申请文件递交至美国证券交易委员会。

按照程序，已经递交上市申请的公司应进行路演[①]，以获得投资人的认可。8 月上旬，在汪康懋的协调下，洪星和吴小安任翻译，赵希友率队在纽约、芝加哥、旧金山等 13 个城市展开了上市前的路演。

当时，国内还不知路演为何物，赵希友一行人在美国经销商安排下，在美洲大陆大张旗鼓地宣传金杯客车与华晨汽车。他们 36 天内演讲了 32 场，走访了 360 多位美国投资者，当场回答 130 多个会计和法律上的难题，形成浩大声势。为吸引美国投资者的兴趣，他们特地强调金杯客车的中方控股刚刚在国内上市，言下之意是假如华晨汽车在纽约上市成功，金杯客车的两家控股方都是上市公司，必定大有前途。事实证明，此举果然成效显著。路演反响异常强烈，几

---

① 路演，译自英文 roadshow，是国际上广泛采用的证券发行推广方式，指证券发行商发行证券前针对机构投资者的推介活动，是在投、融资双方充分交流的条件下促进股票成功发行的重要推介、宣传手段。

乎场场爆满。令赵希友记忆深刻的一幕发生在纽约，在华晨汽车路演当天，闻讯到场的基金经理比在同一幢楼里举行的美国通用汽车公司的上市路演人数多出两倍。美国投资人对这个"社会主义国家第一股"热情高涨，一个多月下来，订购量高达6000万股，远远超出计划发行的500万股。

海外上市成功在即，仰融却高兴不起来。此前，虽然借助基金会名义解决了上市障碍，但仰融始终不安心：产权问题说小就小，说大就大，此时过关，未必等于以后不加追究，而日后一旦产生变数，自己将百口莫辩。于是，他趁赵希友在美国举行路演，只身回国解决产权隐患。9月初，中国金融教育发展基金会签发委托书，授权他代其处理华晨汽车一切事宜。由此，仰融以大股东授权的方式，稳稳抓住了华晨汽车的经营管理大权。

接下来，又发生了几个小插曲。

9月18日，美国证券交易委员会批准华晨汽车在纽约证券交易所上市，许可发行500万股公众股。第二天上午，仰融和赵希友、汪康懋等人前往位于华尔街11号的纽约证券交易所，商讨具体挂牌上市事宜。为了保证中方控股地位，同时兼顾境内外投资者的利益，仰融等人商定，上市之初，原股东的股本转为"超级投票股"[①]，即将上市流通的500万公众股以增发方式发行，并以每股定价16美元挂牌交易。按照惯例，上市公司挂牌名称应为英文缩写，仰融决定以 BCA（华晨汽车控股有限公司英文全称为 Brilliance China Automotive Holdings Ltd. ，简称 BCA）为上市名称。然而，上市资料递交上去不久，却被告知上市名称不能通过审核。原来，纽约证券交易所已经存在一家名为 BCA 的上市公司。为避免混淆，仰融本着"国家放在第一位"的考虑，决定把"中国"一

---

① "超级投票股"可以拥有比其他同等数量的股票更多的投票权。目前，香港等地区已经极少有此类股票，因为对于不同的投资者，"超级投票股"存在明显的不公平。"百慕大华晨汽车"在美国上市时就充分利用了当时这一制度。

词英文拼写的第一个字母"C"前置,把华晨汽车的英文缩写改为CBA,由此顺利通过纽约证券交易所审核。

接着,围绕具体上市时间,中美双方产生分歧。为向国庆献礼,仰融提出在10月1日挂牌,然而无论是纽约证券交易所官员还是合作方安达信律师都极力反对,认为这天是中国的国庆节,对西方来说太敏感。考虑到中国人认为双数吉利的习惯,他们建议仰融"不如放在10月10日",却遭到仰融强烈反对,"这是国民党的双十节,绝对不行"。最后,双方互相退让一步,将时间定在10月9日。

10月9日上午9时,华晨汽车上市仪式在纽约证券交易所会议大厅举行。仰融率领上市小组成员与美国合作方共同庆祝这一历史性的时刻。新华社在第一时间以《中国股票首次打入美国市场》为题播发华晨汽车在美国上市的消息。《纽约时报》则称此举为"连接中国和西方的桥梁,创造了中国股份制历史的一页"。这一年,正好是美国纽约证券交易所成立200周年。另一个耐人寻味的细节是,仰融特地挑选了一幅巨幅国画作为送给美国证券交易委员会的礼物,画的名称为《百鸟朝凤》,而这似乎暗示了华晨股票上市后的表现。

华晨汽车股票在纽交所的亮相堪称完美。股市开盘后,受投资人疯狂追捧,华晨股价从16美元攀升,一条红线直抵20美元,在大市走低的情况下,华晨一枝独秀,疯狂上涨25%。一日之内,成交量突破400万股,收盘价20.125美元,融资8000万美元,扣除投资银行股票包销佣金、律师费和会计费后,实得7200万美元,融资能力令美国经济界大为震惊。就连一向傲慢的《华尔街日报》也不得不承认:"这是一个象征性的事件,也许从今天开始,社会主义中国真正融入到了资本主义的游戏中。"

或许美国人低估了华晨与仰融的野心。三天后,中共十四大召开,新旧领导层交替,江泽民当选为中共中央总书记,继续奉行邓小平的改革开放政策,明确表示"经济体制改革的目标是建立社会主义市场经济体制"。受此鼓舞,华晨汽车股价一路上扬,飙升至 34 美元,在华尔街引起巨大轰动。而不久后,国际权威的金融杂志《机构投资者》更是将其列为当年世界十大最优融资项目。为此,曾有西方人士将华晨汽车评为政治指数股,询问仰融是否刻意安排,仰融对此不置可否,只是说:"华晨汽车的上市给十四大放了国际卫星。"

华晨上市不仅让西方社会对中国刮目相看,同时也成就了仰融的鼎鼎大名。坊间传言,华晨上市后一段时间里,仰融走在纽约的大街上,常常被当地华人认出来。有一次,他和赵希友等人去中餐馆吃饭,被餐馆老板认出后,居然直接免单。更多时候,仰融是被股民、投资者、操盘手和资本炒家视为人生楷模。他不为人知的早年经历被好事的媒体挖掘出来,他高超的财技被编写进各种教人发财致富的书籍。多年后,回忆到这段往事时,仰融仍难掩心中得意,对采访他的《中国企业家》杂志记者说:"外国人认为我是推动中国企业国际化的第一人,他们说中国国际化的税收是我推动的,中国企业国际化的上市准则是我推动的,上市的国际会计准则是我推动的。后来,很多中国公司到美国上市,全是拿我的招股说明书换成他们公司的业务内容跟着上市的。"此言虽然有夸张的成分,但也并非空穴来风,华晨汽车海外上市一事已经被全球顶尖的哈佛商学院收为经典案例。

从华尔街归来,上市小组受到英雄般的礼遇。10 月末的一个下午,仰融、赵希友、尚明以及协助华晨海外上市的美国律师、会计师前往中南海接受国家领导人会见。期间,仰融送上精心设计的华晨汽车股票样本,还信誓旦旦地表示,"华晨汽车从美国赚来的钱,全是靠国家支持,是为国家赚的"。仰融陶醉在华晨汽车海外上市的荣耀中,不能自拔,这些话讲得豪气冲天,恐怕连他自己也信以为真。时过境迁,多年后,正是这一番大义凛然的表态,成为他命运沉浮的致命一击。

仰融绝对不会料到,这个信誓旦旦的许诺会潜伏多年,然后猝不及防地爆发。1992 年的他,刚刚达到人生的第一个高峰,事业正值辉煌,还未曾尝过失败的滋味,远远不知该如何收放,因此当幸福到来时,多少显得年少轻狂。如果不是被成功冲昏头脑,一定是狂妄骄纵的本性自然流露。想当年籍籍无名之时,仰融每次到金杯谈合作,一定要住沈阳最好的中山大酒店。如今华晨汽车境外成功上市,在北京钓鱼台国宾馆召开新闻发布会,他决定趁机风光炫耀一番,特意安排来宾下榻在享誉京城的王府饭店,光招待费用一项,每天就达2000多元。当时,这笔钱足够支付20个技术工人一个月的工资,赵希友心疼不已,问他,"花这钱干什么?"仰融满不在乎,"华晨需要这个面子"。大笔一挥,照旧签单,豪放张扬的作风令人感慨。

如果说此前仰融因为权力掣肘而心有顾忌,那么华晨汽车海外上市则让他破茧而出,看到一丝"独立王国"的希望。不久后,仰融开始酝酿成立华晨钢铁、华晨电力、华晨制药、华晨化工、华晨建工、华晨电子、华晨职业和华晨电讯,沿用华晨汽车在美国上市的通道,加以包装,如法炮制,运作到境外上市。

然而,醉心于资本运作的仰融不曾料到,"复制"之道会如此不畅通,反而是一桩变故令他与汽车制造业结下不解之缘,并且为之奋斗一生。

第四章 拯救金杯客车

　　临空起舞，不是羽化成仙，就是跌落凡尘。

　　很快，复制之路走到尽头，一派荒凉凄惨的景象。金杯客车日益艰难，华晨上下人心浮动，股票在大洋彼岸急速下跌，仰融这才意识到缺乏实业支持，即使上市成功，也难以维持长久。

　　破釜沉舟的拯救在所难免。仰融果断接手金杯客车，踉踉跄跄地闯入汽车界，大刀阔斧地开始改革。仰融带领金杯客车与一汽频频过招，你来我往，最终凭借海狮车走出困境。以金杯客车为起点，仰融开始建造华晨帝国。

1

变　故

　　仰融兴致勃勃地设计着他的"华晨帝国"，无意间忽略了大环境下一个至关重要的事件。

　　1992 年，"股票热"持续升温，监管缺失的弊端很快暴露出来。8 月，正当华晨海外上市如火如荼之际，深圳股市爆发大骚乱。通宵排队却没有买到认购证的股民怀疑存在集体舞弊，打着"坚决反对作弊"、"我们要公平"的横幅涌向深圳市政府，致使道路瘫痪数小时。此事时称"深圳股灾"，反响极大，令中央高层意识到成立金融监管机构的必要性和紧迫性。

　　此后数月，时任国务院副总理的朱镕基亲自出面，筹建中国证监会。11 月初，华晨汽车海外上市不久，中国证券监督管理委员会在京成立，刘鸿儒被任命为第一任主席。治乱需用重典，为控制形势，刘鸿儒在强化规范、防范风险方面连下猛药。由此，股市由热转冷，平静一时。而这，对于仰融头脑中形形色色的上市计划,无异于当头棒喝。

就在仰融大张旗鼓地接受媒体采访之际,一项针对华晨汽车海外上市可能导致国有资产流失的调查随即展开。期间,上市小组被以"未经批准,在境外非法上市"为由,遭受调查,仰融遍访各级部门,一一解释。随后,沈阳市政府被高层批评,"让外资在国有企业里控股,造成沈阳大型国有企业的国有资产流失"。市长武迪生为此背负巨大压力,自感形势不妙,留下一句"仰先生,你和赵希友好自为之吧",匆匆与之划清界限,明哲保身。

目送武迪生离开,仰融感到莫名的悲哀,却不愿就此沉寂。一直跟随他的秘书苏强事后回忆,"当时仰融虚荣心还是很重,一心想把我们做成的事让更多的中国企业了解"。于是,转过年来,他特意安排三天时间,很高调地在上海举办了一次名为"帮助中国大型企业走向国际资本市场"的研讨会,大谈华晨汽车进入纽约证券交易所挂牌上市的创举,推广海外上市经验。此举反响热烈,轰动全国,却让刚成立的证监会大为不快,随即发通知警告仰融,这是"非法"之举。

彼时,经济发展迅速,中国大地热火朝天,到处都是"引进热、基建热、投资热",到处缺钱,到处贷款,银行开足印钞机,仍是杯水车薪,通货膨胀危机四伏。政府果断做出决策,采取一系列措施控制货币发行,稳定金融形势,抑制经济过热。主管经济的朱镕基副总理态度强硬,接连在多个场合强调,要"整顿金融秩序,严肃财经纪律"。宏观调控之手立竿见影,形势稍见好转,国家开始着手筹备大型国企海外上市工作。起先,海外上市有额度之说,青岛啤酒、山东电力、华能电力等大牌国有企业都在此列。仰融遍访贵州六盘水、四川泸州、山东兖州,寻找包装对象,但高压之下,无人敢于冒险,仰融失望地发现自己无力制造第二、第三家"华晨汽车",梦想中的"华晨王国"就此流产。

一个意料之中的惊喜是,华晨汽车在纽交所成功上市,为中国企业海外上市提供了可以参照的样本,也让裹足不前的金杯客车受益匪浅。短短三个月时间,金杯客车两大股东纷纷在全球重要的资本市场上市融资,这家原本低迷不振的汽车厂由此焕发生机,一跃成为国内知名企业。而华晨汽车在纽约挂牌后赚回的 7200 万美元,被全部投入金杯客车,作为开发生产资金。另外,合资双方达成共识,股票不分红,直接把挣的钱再投入进去,滚动发展,这意味着金杯客车将有充足的资金来源。由此,沈阳市雄心勃发,号称要在东北打造一个全新的汽车产业基地,用当地官员的话说,"要把沈阳建成中国的底特律"。说这话时,官员们全都自信满怀,令听者深信不疑。事后看来,一定是中国汽车行业蓬勃发展的大趋势让他们充满信心。

进入 20 世纪 90 年代,中国汽车业在合资化道路上高歌猛进,进入加速发展时期。1990 年,中国用 37 年的时间,实现汽车年产 50 万辆。令人振奋的是,仅仅两年之后,这个数字就翻了一番。发展的齿轮已经啮合,中国汽车工业在沉寂数十年后,终于迎来了第一次井喷。这样的背景下,私人购车悄然起步。最先富起来的人们对汽车充满渴望,不问价格,不问配置,不问性能,甚至在还未明白安全带为何物时,便匆匆购置了人生第一辆汽车。私人购车推动了汽车市场的繁荣,连续两年,中国汽车销量迅猛增长,1992 年更是一举突破 95 万辆大关,让 100 万辆的年产能显得捉襟见肘。中国汽车市场的活力与潜能令人震惊。因此,1993 年,当台湾中华汽车公司代表第一次踏上大陆时,大呼"来之恨晚",后悔不迭。

尽管对汽车制造业兴致索然,但眼光独到的仰融还是敏锐地意识到,无意间进入的汽车业将会是未来最具成长性的领域。3 月,他故技重施,同样以出资挂靠中国金融教育发展基金会的名义,注册成立上海华晨实业公司。接着,他在上海延安西路国贸大厦 21 楼租下朝南的半个楼面,以此作为华晨汽车上海办事处,安营扎寨,招兵买马,准备成就一番大事业。期间,曾跟随赵希友在美国路演的洪星、吴小安一起拜投仰融门下,他们被任命为华晨汽车董事兼执行副总裁。多年后,二人颇有成就,与上海财经大学毕业的何涛,以及追随仰融多年的苏强并称"华晨四大金刚",在华晨系位高权重,风光一时。

1993 年,仰融手下兵强马壮,在上海滩呼风唤雨,煞是威风。然而,种种迹象表明,华晨汽车内部,无论是苏强、汪康懋,还是洪星、吴小安,竟无一人懂汽车,董事长兼总经理仰融更是对汽车制造一窍不通。他所说的大事业,不过是资本运作的另一种表述。当年仰融和赵希友谈合资,赵明确告诉他:"你不懂汽车,我们懂。"仰融也承认这一点,说:"这很简单,重组嘛,咱们合在一块儿,你拥抱我,我拥抱你,我投资包装搞金融,你发挥专长搞汽车,不就行了吗?"上海办事处成立后,仰融信守诺言,极少涉足金杯客车的日常事务,把企业经营管理权交给赵希友,任其发布号令,自己在上海专心于资本运作。

赵希友显然认为自己赶上了一个好时代。中国汽车工业飞速发展,轿车式微,商用客车一枝独秀,面对风云激荡的市场,这个老汽车人踌躇满志,一心要把海狮车打造成中国轻客第一品牌,为他的"汽车帝国"增添砝码。而海狮车也没让他失望,自从 1991 年 11 月 3 日第一台海狮车组装下线,首批 200 辆销售一空,市场上便掀起一股疯狂的销售热潮。两年来,海狮车持续热销,不仅被多数中国企业采购为必备车辆,还被改装为救护车、邮政车等各种专业用车,成为大街小巷上最常见的客车品牌。海狮车的市场表现令投资者欣喜不已,但产能不足却严重制约了进一步发展,由此,赵希友计划投入大笔资金,将工厂产能提升一个档次,继续占领日益鼓胀的客车市场。

不幸的是,赵希友还没来得及把构想变成现实,就从历史舞台上仓促谢幕。

事情起源自一场飞行事故。11 月末,沈阳市政府赴以色列招商引资,市长武迪生率队乘直升机考察项目,途中机毁人亡。消息传来,金杯汽车内部人心惶惶,企业上上下下都被一种巨大的不确定感所笼罩。人们纷纷猜测,武迪生和华晨素有渊源,华晨上市后,为避嫌疑,他有意疏远仰融等人,仍被质疑颇多,此番意外,会不会是变本加厉的信号?对此,赵希友颇为不安,武迪生生前曾多次和他说起,"你可以躺在医院、躺在家里干","想干多久,就可以干多久"。如今主管市长意外离去，赵希友心存怀疑，感觉大事不妙。随后发生的事情印证了他的担心。12 月 24 日，赵希友突然接到一纸文书，以健康为由被宣布退休。5 天后，金杯汽车对外发布公告，赵希友退任，由原副总裁何忠彬接任董事长及总裁职务。

金杯汽车公司管理层人事大变动，影响最大的莫过于金杯客车厂。赵希友在任时，合资企业生产经营仍是国有企业老一套，虽无大起色，却不至于混乱无序。随着他的离任，企业管理经受一番波折，许多政策措施被搁置，生产经营大不如前，公司业绩迅速下滑，颓势明显。接下来的 1994 年，是"改革攻坚年"。国家宏观调控政策紧缩，控制大额消费，一片凄凉横扫全国，汽车市场满目萧条，海狮车销量大减。金杯客车雪上加霜，盈利能力遭受空前质疑，华晨汽车股票开始在大洋彼岸风雨飘摇。不到半年时间，股价从最高点 34 美元一路狂跌至 3.5 美元，引发国内外投资者巨大恐慌。

西方媒体一改华晨上市之初的姿态，纷纷落井下石，指责华晨汽车"根本不懂汽车"，"美国上市纯属骗钱"。与此同时，安达信会计师事务所介入金杯客车，对其财务状况进行调研、审计，而美国律师则开始警告仰融，"一旦有投资者提起诉讼，华晨极有可能赔得精光！"仰融暗自焦急，华晨汽车在美国遭此危机，一旦处理不当，定然名誉受损，"海外第一家上市公司"招牌砸了事小，给国家形象抹黑事大。果然，消息传到国内，中央高层领导为此专门召见仰融，说："这股票上了市可不是好玩的，搞不好会影响国家形象！"责令他"拿出办法来"。

闻言，仰融惊出一身冷汗，这才意识到只搞资本，不懂汽车，终将会在资本市场名誉扫地，行走不远。于是，他连忙从资本市场抽身，带上苏强等人，匆匆飞往沈阳，拯救金杯客车。同时，他信誓旦旦地宣称："不把金杯客车搞好，不在汽车制造业站稳脚跟，绝不回归资本市场！"

2

接管金杯客车

　　沈阳方面知道仰融不懂汽车，是外行看热闹。以往他去客车厂考察，金杯汽车公司都只是安排他在生产车间转一圈，看看装配线，听听机器轰鸣，最后来一句"一切不错"，就能打发走人。

　　但这一次，仰融开始较起真来。到沈阳第二天，他便要求下工厂。新上任的何忠彬董事长意气风发，带领一帮下属，前呼后拥地陪同仰融去金杯客车车间视察。金杯汽车上下原本以为这只是一次例行公务，敷衍一番即可。然而，直到亲眼看见仰融一丝不苟地推敲起生产工艺，才相信这个"门外汉"动真格了。那天，仰融一改往日慵懒散漫的作风，精神抖擞地视察冲压、焊接、涂装、总装四大工艺流程，对各个制造环节处处留心，对每个问题都刨根问底，很快发现金杯客车经营管理上的诸多弊病。

　　这个原本被寄予厚望的合资公司，不幸染上了国有企业的种种通病。管理

92

上人浮于事、效率低下，只重口号不看市场；生产上只图产量，忽视成本，轻视质量，遑论技术研发。公司上下，完全一副我行我素的国企做派，合资企业灵活多变的优势被消磨殆尽。当时国有企业大都经营不善，不是改制就是在破产边缘挣扎，一些国有汽车公司通过合资焕发新春，一日千里，进步神速。即便外行也能看出合资是一条活路。然而，金杯客车却顶着合资之名，不行合资之实，仍走国企老路。企业经营模式僵化，管理跟不上，投再多的钱也没用。前期 7200 万美元投进去，雷声大雨点小，不仅毫无起色，还被安达信查出财务问题。仰融闻知大为震惊，对苏强说："这个厂有问题，没什么好说的，不能再由着金杯汽车，我们要接管金客管理权。"

苏强心里明白，仰融这么讲，可不是一时兴起。时值国家宏观调控，大力整顿经济秩序，中央频频发文，对国有资产严加管理。风口浪尖之际，不是万不得已，定然无人敢往枪口上撞。如今仰融出此下策，一定是做好迎接风雨的准备。

然而，企业管理权交割毕竟事关重大，加之金杯客车情况复杂，具体执行起来，难免磕磕绊绊。理论上讲，华晨汽车在合资公司占股 51%，是控股大股东，理应由其掌管企业大权。但因政策限制，自金客组建以来，管理权一直掌握在金杯汽车手中。如今仰融想要接管金杯客车，地方政府不发话，金杯汽车方面就不敢擅自放权。于是，1994 年 12 月的一天，仰融去往沈阳市政府，与市委书记、市长、副市长等人商谈接管事宜。期间，仰融难耐心中激动，说："华晨来管理金杯客车，给我们两三年时间，如果不如你们管得好，华晨自动投降，交出管理权。"三位官员沉默良久，对于让外资掌权，管理偌大一个汽车厂，委实难以定夺。见此情景，仰融再下重药，"请领导放心，金杯客车是赚是赔，一切由华晨承担"。言下之意，华晨将完全承担金杯客车的经营风险。

其实，官员们也清楚金杯这些年每况愈下，摊子大，人员多，盈利却不高，即使在何忠彬等人手中，也不可能起死回生。如今仰融的表态卸下了他们的心头重负，因而开始重新考量他的请求。既然仰融全权承担责任，就不如做个顺水人情,让仰融来管理企业,即便高层怪罪下来,也有仰融在。而金杯客车一旦扭亏为盈,政府还能落个好名声。于是,沈阳市政府松口,同意仰融接管金杯客车。接下来,经过半个月的谈判协商,华晨汽车终于从金杯汽车手中接过管理大权。

1995年元旦,新年的气氛一如既往地浓烈,一派万象更新中,华晨汽车正式接管金杯客车。似乎为表明背水一战的决心,仰融亲自挂帅,担任金杯客车董事长。然而,他很快发现,自己对管理一家汽车厂实在提不起兴趣,因此便决定从华晨内部挑选一名手下,负责具体而细微的经营管理事务。

关于总经理人选,仰融迟迟拿不定主意。这显然是一个极具挑战性的工作,一方面要协调内外,平衡企业与地方政府的关系;另一方面还要负责生产经营,把一蹶不振的汽车制造拖出泥潭。因此对协调能力、管理能力和专业素质要求极高。华晨上下多是金融高手,唯独缺少管理人才,更无一人懂汽车制造,只有苏强接触汽车最早,而且和金杯客车关系最熟,早在四年前合资谈判时,他就开始与沈阳方面接洽,在当地政商两界,颇为吃得开。于是,刚刚满29岁的苏强被委以总经理重担,即刻走马上任。

尽管对糟糕的情况早有心理准备,但直到真正掌管企业,苏强才发现其差乱程度超乎自己想象。上任第一件事,是查账盘库。苏强去仓库转了一圈,发现上千套日本进口座椅被堆放在仓库里,发霉散架,触目惊心。一问情况,才知道为养活金杯汽车旗下的一家座椅厂,管理层不惜把丰田原装座椅搁置起来,一放就是三年,导致座椅彻底报废,仅此一项,企业损失就达3000万元人民币。

苏强去车间视察,发现花大价钱从丰田租借的设备锈迹斑斑。工人们不会使用,只能从日本请工程师来指导,因为用工和维护成本过高,企业负担不起,只能搁置一旁。当时金客一年大约生产3000辆海狮车,每台车售价30万元人民币上下,按理说,财务状况应当不差,但因为管理漏洞迭出,生产控制能力严重不足,导致成本居高不下,企业非但没有实现盈利,反而连年出现亏损,步履维艰。

一切问题归根结底都是人的问题。这么搞下去，再怎么上市融资，也会被消耗一空。意识到这点，苏强决定来一次彻底的改革。他把全厂员工召集起来开大会。当他坐在主席台上，放眼望去时，看到下面白花花一片人头，这才意识到员工老龄化已经到了无以为继的地步。背着这么大一个包袱，企业发展步履维艰，更新换代势在必行，但阻力之大令苏强始料未及。合资公司员工多数是国有企业转制过来的产业工人，好逸恶劳，不思进取，整天混沌度日，只等着退休安享晚年。而且，东北工人素来性格刚烈，脾气火爆，动不动便打架斗殴。如今闻听苏强要推行改革，自觉大事不妙，纷纷联合起来进行阻挠。为恐吓这个年轻经理，几十个工人光着膀子躺倒在他的办公室，赖着不走。还有人写恐吓信，纸上画着一把刀，几滴血，标题是："小心你的狗头"。

苏强年轻气盛，对这样的恐吓置之不理，依旧大刀阔斧地推行新政。仰融暗自担心，不得不要求沈阳市政府出面，保证其安全。

3

一汽介入

苏强正欲在金杯客车大展身手，不料半路上杀出搅局者——一汽。

一汽的介入，完全是沈阳市政府安排的结果。1994 年，江河日下的金杯汽车继续滑向深渊。年底，毫无建树的何忠彬在当了 11 个月总裁后草草下台，继任者张沛雨使出浑身解数，仍旧难以挽回败局。一年结束，统计财务报表，金杯汽车主营业务收入 24.5 亿元，同比下降 21.73％，仅实现利润 244.7 万元，不仅与计划相去甚远，竟然比上一年同期下降了 98.3％。

金杯汽车业绩下滑得如此迅速，令沈阳市政府惊诧不已。就在张沛雨上台后不久，政府官员们开始寻找退路，准备甩开这个"包袱"。沈阳市副市长张瑞昌的话颇具代表性，他对记者说，"对金杯汽车我们是无能为力了，这些年沈阳市把做裤衩的钱都拿出来给金杯汽车了，再搞不上去，就只能去找其他的出路"。

金杯汽车成了"扶不起的阿斗",沈阳市政府不愿再耗下去,开始四处寻找"领养者"。

此时,三百多公里外的长春,第一汽车集团大本营内,管理者们运筹帷幄,正欲整合国内汽车市场。这年,正值《汽车工业产业政策》出台后不久,汽车产业格局风云激荡。一汽主推"解放"系列车型热卖的同时,积极响应国家"生产轿车"的政策号召,接连推出"都市高尔夫"与"奥迪100"两款汽车,在轿车领域小试牛刀。紧接着,又重金收购吉林轻型车厂和哈尔滨轻型车厂,以扩大生产规模,继续在传统载重汽车业界领跑。一汽之所以频频出击,如此大动干戈,与其说是想在蓬勃增长的汽车市场里分一杯羹,不如说是要抢在产业格局形成之前,尽可能地延伸产业链,巩固其中国汽车"老大哥"的地位。因此,当沈阳市政府带着出售金杯汽车的计划找上门来的时候,谈判变得顺理成章。

仰融却不愿看到这个事实。他心里清楚,一旦收购成功,一汽势必会通过金杯汽车把触角伸向金杯客车。"大树底下无杂草",以一汽在国有企业中的资格和做派,定然不会让一个外资企业做主,到时候,华晨手中的管理权极有可能被接管。这样一来,金杯客车又将遭遇一番人事更替,不仅对企业发展极为不利,还可能波及华晨股票。于是,仰融决定不惜一切代价,阻止这场并购。

过完元旦,仰融去找沈阳市政府,对主管工业的领导讲,一汽真正的计划是要"扫平东北",而不是"真的要发展沈阳汽车工业"。当时沈阳方面一心想把金杯汽车这个"烫手山芋"丢开,却未深入考虑一汽收购金杯的真实意图,以及对地方工业发展的影响,因此对仰融的建议充耳不闻。

情急之下,仰融决定从外部寻找突破口,于是,他把目光投向南方。

某些时候,金融家比企业家更有大局观,更具战略眼光。仰融虽对汽车制造一窍不通,却不妨碍他把握国内汽车产业整体形势与格局。中国汽车界,一汽与二汽素来是一对生死冤家。二者均从军用卡车起家,以载重汽车为主打产品,定位雷同,产品重复,竞争大过合作。多年来,双方互不服气,频频斗法,甚至为排名争得面红耳赤。仰融熟读《孙子兵法》，深知合纵连横之妙，知道要牵制一汽就不得不联合二汽，因此决定南下湖北，寻求生机。

1995 年初春的一天，仰融奔赴湖北十堰，专程拜访东风汽车公司总经理马跃。东风就是原来的第二汽车制造厂。3 年前，为适应市场经济发展，被称呼了 23 年的"二汽"更名为东风汽车公司，马跃被任命为总经理。马跃雄心壮志，上任不久便制定了公司长远发展规划，决定"用 15 年左右的时间，把东风汽车公司建成年产 100 万辆的汽车集团"。当时东风公司主营"东风"系列卡车，年生产能力大约 20 万辆，发展势头迅猛。在国内卡车市场上，东风与一汽同类竞争，马跃一心想扩大生产规模，和一汽一较高下。

仰融对此心知肚明，他见马跃的第一句话就是，"马总，你不能让东北就这么被一汽扫平了"。看到马跃心有所动，仰融接着打气，"制造轻型客车肯定是我们金杯最在行，你用轿车项目来扶持我，我在沈阳那边，扎个钉子在一汽家门口，我们联手，一起发展中国的汽车工业"。仰融抓住了马跃的心理，却忽视了东风汽车的现实。

刚过去的 1994 年，东风汽车产品线"青黄不接"，仅仅依靠中吨位的卡车，已难以支撑整个局面。而轻卡、重卡的生产规模还没有成熟，轿车更是"起了大早，赶了晚集"，由此一步一步陷入危机。1995 年，马跃立志要摆脱困境，率领一帮手下搞突围。面对"缺重少轻，轿车瘸腿"的现实，他们计划向十堰山区外扩展，上八吨的重卡项目，还准备投入重金，在襄樊打造年产能力 15 万辆的轻卡生产线，把武汉神龙汽车的生产能力提升一个档次。然而由于国内经济形势严峻，银根紧缩，东风常常为资金发愁。仰融去拜访马跃时，一些分厂老职工已经好几个月没有领到工资了；中层干部不得不放下手头工作，四处借钱。

这个时候，东风自顾不暇，岂有闲心去插手一汽和华晨的纠纷？然而，仰融却不肯放弃，他信誓旦旦地对马跃表示："我来投资，和你一起干！"马跃心思缜密，深知此事背后隐藏的种种风险，因此，虽对仰融运作资本的能力佩服有加，却不愿去趟这趟浑水，最终拒绝合作。

仰融不死心，顺长江而下，去煽动宝钢董事长黎明。他开口便说，"宝钢一年赚30多亿，每年拿出十几个亿来支持汽车发展，还能把钢产品应用到汽车上，延伸产业链。不懂汽车不要紧，只要有钱，可以找全球的人来为我们的理念服务"。如果说仰融之前笼络东风汽车还有战略眼光可言，此时拉拢宝钢则纯属蛊惑人心。但奇怪的是，一番长谈下来，黎明竟然被其说动，兴致勃勃地去请示上海领导。

综观历史，地方保护主义与地方经济竞争总是形影不离，即便改革开放国门大开，计划经济与小农意识仍旧根深蒂固，而这恰恰限制了资金、物质、人员的自由流动，对一个原本肌体僵化的社会来说，危害尤甚。宝钢虽是中央直属企业，但因地处上海，对地方意见不能不考虑。然而，上海方面坚决反对这桩合作，理由是"舍近求远"。"宝钢如果要做汽车，为什么不投上汽？干嘛要把钱流到沈阳去？"黎明被问得哑口无言，草草退出，合作就此没了下文。

仰融垂头丧气地回到沈阳，发现收购已是板上钉钉的事。1995年2月18日，经国家国有资产管理局审批同意，一汽出资5.699亿元，以每股1.15元的价格，收购沈阳市资产经营有限公司持有的金杯汽车56938.41万股国家股中的49562.38万股。股份转让完成后，一汽所持国家股全部转为国有法人股，占股51%，成为金杯汽车第一大股东。当天，金杯汽车股份有限公司更名为一汽金杯汽车股份有限公司（简称一汽金杯），标志着一汽把金杯汽车收入囊中。

一汽一出场就显得雄心勃勃。在记者招待会上，董事长兼总经理耿昭杰信誓旦旦地表示："要把金杯的发展纳入集团公司规模上百万的规划之中，一是通过生产联合，形成年产20万辆轻型车生产能力；二是将金杯与一汽已有的各零部件厂对口结合，使产品不仅可以满足集团内部的需要，而且还能够进入国内外市场。"这话讲得有板有眼，令金杯上下雀跃不已，就在刚刚过去的1994年，这家汽车厂的产能首次突破7万辆大关，在地方上着实轰动一番。如今耿昭杰描绘出这么一个宏大的蓝图,且把金杯放在举足轻重的位置,无论是金杯汽车还是沈阳市政府都感到"背靠大树好乘凉"的巨大心理优势。

然而,人们很快就发现,耿昭杰的高谈阔论不过是一个虚无缥缈的承诺,而金杯汽车的投怀送抱多少显得一厢情愿,且过于仓促。随后召开的股东大会,让金杯对处境有了清醒的认识。会上,耿昭杰、徐兴尧、尹士军、沈凤岐、张沛雨、何忠彬、申立营、孙盛逸、许驰等9人被选举为董事。其中,一汽董事长、总经理、党委书记耿昭杰被选为一汽金杯董事长、一汽副总经理沈凤岐为总经理,金杯旧部除张沛雨改任常务副总经理外,其余全部被清理出管理层。

经过这一番人事变动,一汽牢牢控制住金杯汽车,将其作为产业棋盘中的棋子,谋篇布局。

4

管理权之争

仰融富有先见地预料到结局,却终究无力阻止事实发生,自感回天乏术,只好接受一汽入主金杯的现实。

1995 年 2 月末,他在沈阳严阵以待,只等一汽上门。出人意料的是,自从完成权力交割,一汽就按兵不动,既不大张旗鼓地改革,也未动摇华晨在合资公司中的地位,甚至对金杯客车都置之不理,少有往来。一汽如此冷漠,与其说是不把华晨放在眼里,不如说是等仰融自乱阵脚,主动上门。果然,沉寂三个月后,仰融首先耐不住性子。6 月,他带着苏强、吴小安等一批华晨高层,去一汽拜访耿昭杰。名义上是"表达敬意",实际上却是试探动静。

然而,耿昭杰可不好对付。中国汽车界,此人是有名的改革派,正是在他手中,暮气沉沉的一汽重振声威。1954 年,耿昭杰大学毕业,进入成立不到一年的第一汽车制造厂,从此扎根。耿昭杰耐得住寂寞,从普通技术员开始,一直做到工程师、副厂长。1985 年,他 49 岁,接管一汽,成为第六任厂长。作为"共和国长子",一汽曾先后生产出第一辆国产汽车"解放"和第一辆国产轿车"东风",被视作"中国汽车工业的摇篮",风光一时。不过到耿昭杰接任时,所有荣耀和光环已消失殆尽,取而代之的是"30 年一贯制"——解放卡车的技术 30 年来没有任何更新。改革浪潮自上而下猛烈地冲击着旧的经济体制,耿昭杰感到前所未有的压力,他必须带领一汽杀出一条血路。在一次述职会上,他这样说:"我当的是第六任厂长,就像接力赛跑到了第六个 100 米,我要不顾一切地拿着接力棒往前跑。"他本是一个汽车狂人,精于技术,推崇管理,视生产为生命。自从当上厂长,雷厉风行的作风发挥到了极致。上任不久,他就推出"单轨制垂直转产法"(即老产品停产后,几乎马上就投产新产品)。随后发动 10 万职工学习轿车知识,还与工人们一起加班,在烧红的铁块上用饭盒煮白菜做年夜饭。在他带领下,一汽研发出 6102 汽油发动机,"把中国卡车制造水平提升 30 年"。为此,他被外国同行形容为:"血管里流的是汽油,而不是血!"仰融将要面对的就是这样一个铁腕人物。

那天,仰融等人走进一汽董事长办公室,耿昭杰倚老卖老,在沙发上仰着身子半躺着,看见仰融进来,也不起身,从鼻子里哼出一声:"谈什么?"仰融从未遭此待遇,如今见这情形,顿时阵脚大乱。反应过来的第一句话是:"耿总,一汽收了金杯后,金客是其中唯一的亮点。我是金客的大股东,我到您这儿来,是大股东拜访小股东。"

耿昭杰不爱听,眼皮跳了跳,对着天花板说:"知道天津三峰是怎么倒下的吗?"仰融一脸茫然,摇摇头:"不知道"。耿昭杰显然是想给他一个下马威,坐起身来,正色道:"是被我们小解放给打趴下的!"内行人都知道,天津三峰曾经是轻型客车市场的热销车型,90 年代初期红火一时,后来一汽推出小解放,天津三峰在竞争中节节败退,最终一蹶不振。耿昭杰这番话,用意再明显不过:海狮车再流行,也斗不过小解放;金杯客车再厉害,还得服从老大哥。

仰融对汽车业的情况不熟悉,猜不透这层意思。哼哼哈哈一番,仍是一脸堆笑。见状,耿昭杰不想再啰嗦下去,话锋一转:"你们不懂汽车,就把管理权交出来,我们来经营,你们给钱就行了。"仰融如梦初醒,才知道一汽仍旧惦记着金杯客车管理权。探明耿昭杰用意,仰融反倒平静下来。他知道耿昭杰是安徽巢湖人,灵机一动,凑上去套近乎:"耿总,听口音,您是安徽人吧?我祖籍也是安徽的。"耿昭杰是聪明人,听仰融这么说,明白他是想转移话题,不好把事情弄僵,语气缓和不少。然而,双方毕竟各怀心事,言谈难以对路,最后,耿昭杰推托有事,叫来一个总经理陪仰融等人吃饭,第一次见面草草结束。

回到沈阳,仰融心里颇不平静。他看得清楚,一汽觊觎金客已久,接管只是时间早晚问题。到时,围绕金杯客车管理权,势必会有一番争斗。与其坐以待毙,不如趁局势未定,主动出击。

接下来一个月,仰融六见耿昭杰,不是要"拜他为师",就是请他"把小红旗让给华晨做",总归是要"请他理解,支持华晨"。一次,他甚至对耿昭杰说:"红旗两个字在你那里是发不了光的,你把它拿到沈阳来,我们出钱,我们来做。我是年轻人想干事,你不支持我,支持谁?"耿昭杰若有所动,他把仰融带到会议室,关起门来密谈。会议室有一个长黑板,仰融在黑板上边写边画,讲到动情处,不禁手舞足蹈。耿昭杰造车多年,却始终是闷头苦干,跳不出固有思路。如今听到仰融大谈资本运作,开辟中国汽车产业发展新模式,顿时豁然开朗。然而,他把与华晨合作轿车的计划向一汽管理层汇报,被以"华晨不懂汽车"为理由严词拒绝。几次交谈下来,仰融看出耿昭杰的性格,"他是中国企业家的一面牌子,他的为人是,只要下面有人反对就绝对无法形成决议"。于是,小红旗计划就此终结。

让仰融始料未及的是,一汽与华晨的争斗就此展开。不久,一汽方面派代表到沈阳,正式提出收回金杯客车管理权,仰融自然不干:"我好不容易从金杯手里拿回管理权,现在又要交给你,你和金杯有什么两样?"他舒口气后接着说:

"如果实在要交,好,你先把金杯客车发展规划讲出来,我们派一个监督机构去监督执行。"一汽代表针锋相对:"规划是我们的事,你们不用管。中国搞汽车哪有你想象的那么简单,你以为你想怎么做就怎么做?"

企业家与金融家天生性格迥异。前者多脚踏实地,在实业领域耕耘开拓;后者则大开大合,不拘规则,纵横往返于各个领域。有史以来,企业家便对金融家敏感排斥,他们自认是某一行业的专家,应该享受圈子内的种种特权。而金融家凭金钱来思考问题,将工厂当做生财工具,眼里盯住的是钱,而不是生产,因此"根本就不适宜于指导工业生产",这个观点甚至被汽车大王亨利·福特写进自传,流传甚广。

中国汽车界受此影响不浅,当时,几乎没有人看好仰融造车。尽管仰融自称,"我身上有金融家和实业家的双重性",但无论民营企业家还是国企管理者都一口咬定,他是一个金融家而非企业家,他更应该去资本领域而非汽车领域发展。即便多年后,第一辆中华轿车下线,人们仍旧怀疑其造车的诚意和目的。

1995 年,围绕金杯客车管理权,一汽步步紧逼,仰融绝不退让,纠缠日久,一汽退而求其次,提出让金杯客车做豪华车,小解放搞中低档。仰融认为这是变相插手金杯客车,而且会导致资产回报率下降,把金杯客车推上绝路。为了断绝讨价还价的可能性,他一口回绝:"对我方不利的条款全面予以否决,不谈!对我方有利的可以再提高。"一汽方面闻此大为恼火,指责华晨在金杯客车51%的股权不符合政策规定,仰融置之不理。一汽拿他没办法,又提出收编华晨,让他到一汽做一个副总裁。仰融心高气傲,自然不甘居人下,断然拒绝。至此,管理权之争,暂时告一段落。

5

改　革

　　耿昭杰一定不会忘记新闻发布会上，自己那一番激动人心的讲话。可惜的是，面对病入膏肓的金杯汽车，即便是精于造车的他，虽几经挽救，终无回天之力。1995 年即将结束的时候，金杯汽车坠入谷底，成为沪深两地证券交易所第一家亏损的上市公司。

　　人们意外地发现，一汽非但没能给金杯的衰败画上休止符，反而被其拖入无底深渊。随着金杯爆出亏损传闻，外界质疑、政府压力、内部矛盾蜂拥而至，令耿昭杰无暇他顾，而这恰恰为金杯客车发展赢得空间。

　　从一汽交手中回过神，仰融请来两名高级工程师，隔三差五就听一次课，逐渐对汽车产生兴趣，此时他面对的，是一个左突右冲的汽车工业场景。1995 年，忧患意识在汽车界弥漫，即便这一年国内汽车产量突破 145 万辆大关，但车型单调、款式落后、国产化率不足等事实令中国汽车人如履薄冰。中国开放市场合资造车数年,大街上跑的仍旧是桑塔纳、捷达等老车型。一位美国汽车专家访问中国,很不客气地提到两点:"第一,中国的轿车款式落后;第二,车型太缺乏,每一城市每一道路都跑着同样几款车。"令人尴尬的是,即便是老车型的小修小改也令国内汽车人感到为难。上海汽车厂曾派出几十人的团队去德国考察,发现能参与的只是把车身加长 100 毫米。到这个时候,人们才恍然发现,以市场换技术的愿望宛若一个有头无尾的春梦。对民族汽车工业的忧虑最终催生出《汽车工业产业政策》,文件提出"在以 CKD 方式(国外零配件国内组装)引进第一代产品的过程中消化吸收,加速形成自我开发能力",意味着组装为主的发展模式即将被抛弃,取而代之的是强调自主研发的日韩模式。

整个国内汽车界都在学习日本、韩国,仰融决定亲自出去看看。几经联系,金客合作方丰田发来邀请。1995 年底,仰融飞赴日本爱知县丰田市,兴致勃勃地去拜访丰田章一郎。到了丰田总部大楼,一个部门经理把他领进会客厅,坐下陪聊起来,而丰田高层无一人出面接待。仰融觉得受到冷遇,自尊心大受打击,不满地说,"你们董事长给我发邀请,我来了,怎么不安排我同他见面呢?丰田章一郎先生再忙,也应该安排一两个小时来见见我吧。你们丰田公司这么对待中国客人,真没有道理"。部门经理把意见反馈上去,丰田方面决定派一个副社长去见仰融,被他一口回绝,"算了吧,如果仅仅是副社长,那就不要见了,明天我就回中国"。这番话传到丰田章一郎耳中,他决定"见见这个中国的企业家"。

第二天晚上,丰田章一郎宴请仰融。日本商人被认为是世界上最小心谨慎的,而丰田章一郎更是个中翘楚。他是丰田公司创立者丰田喜一郎的儿子,管理公司有如治理国家,私底下被称为"皇太子"。当他述说自己的贡献时,总是谦虚地说:"我的才智远不如我的父亲,幸好周围都是贤德的能人,否则以我愚钝的资质根本无法管理公司。"

然而,仰融心中有气,决定臭臭他。"我很尊重您,"仰融说,"你们丰田在世界上有 70 多年的历史,但是您别忘了,您当年是从织布机起家的,而我是从你们丰田第四代海狮车起步,我是世界汽车行业起点最高的一支。你们现在老说我不是汽车人,没有汽车背景,那 70 年前你们不是也不搞汽车吗?我第一步就搭上海狮四代,您能知道我第二步会搭上什么?中国有句古话说'三十年河东三十年河西',您能知道我以后会怎么样呢?"翻译把这话译成日文,在场的丰田公司人员全都大吃一惊,心想这个中国男人口气不小。

70 岁的丰田章一郎和许多日本商人一样,理解的能力远胜于会话的能力,经常比翻译人员还厉害,能抓出措词的微小差别。听到仰融这样讲,他脸上丝毫没有不悦的神情,但也没有立刻作答。仰融不肯罢休,接着说:"为什么现在你们这些大汽车商就像组成一道铁门一样,坚持不让门外汉进入?"这话是暗示丰田在海狮项目中有所保留,只出租设备,不传授技术,坐收渔利。然而,出气归出气,仰融并没忘记此行目的,发完牢骚后又坐下来与丰田谈合作。

几番交谈下来,丰田章一郎开始对仰融另眼相看,认为这个眉毛上扬、头发油亮的中国企业家格调不俗,定非池中之物,海狮车在他手中一定会发扬光大,因此决定合作,并安排他去汽车制造厂参观。当时丰田公司年产量逼近 500 万辆大关,一举击败福特汽车公司,成为世界第二大汽车制造商。丰田发展如此迅猛,完全得益于近乎苛刻的"精益生产模式"。过去的几年中,丰田竭力削减成本,把零部件供应商生产的汽车喇叭的零部件由 28 个压缩成 22 个,把每辆车使用的钢制零部件由 600 余种缩减至 500 余种,正是这些看似毫不起眼的工作,可以将 180 个汽车核心零部件的成本降低 30%,节流达 100 亿美元。仰融去工厂参观时,丰田章一郎正计划把"精益生产"①更进一步。他建立起 7 个大

---

① 精益生产又称精良生产,是美国麻省理工学院国际汽车计划组织(IMVP)的专家对丰田生产方式的总结。其核心是,向制造要效益。特点是,订单生产方式和看板管理制度。表现为,永远致力于改进生产流程中的每一道工序,尽最大可能消除价值链中一切不能增加价值的活动,提高劳动利用率,消灭浪费,按照顾客订单生产的同时也最大限度地降低库存。

型生产平台,生产涵盖低端品牌威姿到高端品牌雷克萨斯的全系列车型,平台之间实现共享,最大限度地实现零部件通用。

直到参观完闻名遐迩的丰田生产线,仰融才发现生产管理竟然可以如此精细。带着对汽车制造的重新认识,从日本回来,他逢人便说,"在管理上,丰田是我心中的目标和偶像"。那时候,金杯客车刚刚通过中国机械工业质量体系认证中心实施的 ISO9000 标准质量体系认证,成为中国大型汽车制造企业中第一家通过该项认证的企业,等于拿到进入国际市场的质量入门证。但仰融对此不屑一顾,他认定,金杯客车要走出困境,必须要在管理上向丰田看齐。

改革的担子落到苏强肩上。他决定先派遣一批管理人员去丰田学习。根据协议,日方只负责培训"工段长"级别以下的管理者。为了让更多的管理人员去丰田培训,苏强不得不把一些副总在名义上降级为车间主任。随后,苏强花费 7000 万元人民币,买回丰田的企业管理软件,在金杯客车内部全面推行丰田造车模式。"精益生产"的精髓在于,严格的精细化质量管理以及需求导向的生产思想与不同部门的标准化高效率相协调。苏强显然领略了这番要领,他果断采取一系列措施,将从上到下的推动式管理变为拉动式控制,制定"以销定产策略",并将制造成本分解到每一个工序,将员工的收益与成本挂钩,质量同利润环环相扣。经过这一番大刀阔斧的改革,金杯客车顿时面貌一新,生产效率大幅提高。

然而,苏强很快发现,仅在企业内部进行改革远远不够。即便引入先进的生产管理模式,假若外部生态环境一成不变,新模式也难以维持长久运转。于是,他决定对销售形式进行整顿。

20 世纪 90 年代中期,市场经济初露端倪,各种经济形式鱼龙混杂。汽车市场上,随着合资品牌大举进犯,一种全新的销售模式被引入进来。一些公司和个人从汽车制造厂直接提货,一次采购众多,以较低价位进货,然后再进行二次销售,赚取差价。这些公司与个人通常被称作经销商,与之前的二道贩子无本质差别,但因为数量众多,且遍布全国,成为汽车厂商销售网络中一个极其特殊的环节。汽车市场发展之初,生产商大多依赖经销商打开局面,往往对其缺乏有效的监管制约,导致经销商占地为王,各行其是。当时经销市场一派乱象,怎么把车卖出去,怎么定价,全无定则。同一种车型,广州是一个价格,北京又是另外一种定价,全国市场价格混乱动荡,经销商从中获利,制造商则名誉受损。然而,经销商与制造商本是一脉相连,一损俱损,一荣俱荣,制造商的危机迟早会波及经销商,到最后只能是两败俱伤。

正是意识到这种行为的巨大危害,苏强决定结束诸侯割据的局面,他的做法是收权。为了把全国市场的金杯海狮车价格全部统一,苏强命人在海狮车的广告和宣传资料上打出全国统一售价,彻底杜绝经销商暗箱操作的可能性;他还在国内汽车公司中第一个实行全国统一份额折让,全国各地经销商不分远近大小,统一折让百分点;同时严令各地不能跨区域销售,不能赊账卖车,杜绝内部人员与经销商勾结牟利。为了改善企业的财务状况,苏强利用对金融产品的了解,强制推行票据销售。即经销商先押 30％的车款,金杯客车以企业存车提供担保,经销商从银行开出承兑汇票后到沈阳提车;6 个月之后,金杯客车就可以从银行全款取钱。单单这一条,就使金杯客车成为全中国付款信誉最好的汽车公司。到 2000 年,金杯客车六七十亿的销售额里,没有一分钱是应收账款,65％为银行汇票,35％为现金。

在当时,这些做法显得过于标新立异,被很多人认为"破了汽车界的老规矩","根本行不通"。而这恰恰成为外界指责"华晨不懂汽车"的借口,一些大汽车集团笑话道,"你这样一弄,经销商没有利益了,谁还给你卖车呢?"更多的汽车同行在角落里掩面偷笑,等着看金杯客车热闹。苏强顶住内外压力,强力推行,最终压制住这股不正之风,金杯客车销售网改造就此完成。

那些自以为是的汽车制造商都认为华晨这么做是在自取其辱,他们正襟危坐,准备看华晨出丑。没想到,仰融突然翻身而起,给了世人一个大大的惊喜。

6

反击战

所有人都没有料到,仰融会以"颠覆者"的形象进入汽车行业。而一旦这个计划周密的战略家决定施展身手,无论是金融还是汽车,势必会引起一股风浪。

1996 年,苏强对金客的改革完成大半,仰融便决定发动一场反击战,对此前咄咄逼人的一汽还以颜色。仰融一定还记得第一次见面时,耿昭杰口口声声说的"小解放"。这款风头正劲的面包车在 20 世纪 90 年代最初的几年中,每年能够为一汽带来 2.6 亿元的利润收入,不仅是一汽的当家花旦,还是国内轻型客车市场的一支生力军,在打败了天津三峰、三江雷诺的塔菲克等竞争者后,一直难逢对手,独领风骚。如今金杯客车想要在轻客市场有一番作为,"小解放"注定是一个无法避免的障碍。

当时长春一汽是绝对的国产车"龙头老大",背后有国家和政府撑腰,肩负民族汽车工业重任,在行业内呼风唤雨,其他汽车制造厂无不对其忌讳三分,唯独仰融离经叛道,想要摸一把"老虎屁股",由此看来,他的确配得上"颠覆"二字。另一个更深层次的原因是,仰融素来争强好胜,自从与一汽闹僵,一直与耿昭杰暗中较劲。既然耿昭杰如此看好他的"小解放",对金杯客车不屑一顾,不如就把这款车作为竞争目标,和一汽一较高下。

怀着挑衅意味和冲破束缚的强烈愿望,仰融从金客研发部抽调出几名最优秀的工程师,组成项目小组,专门针对一汽的"小解放"开发低成本的海狮新车型。该项目小组成员包括后来成为华晨金杯总裁的刘志刚,以及参与中华轿车项目的丁勇等技术骨干。刘志刚当时的职务是总经理助理,已经展露出管理上的能力,于是,他被任命为项目负责人,日夜兼程研发新车型。

20世纪90年代初,国内轻客领域已引进不少新车型,包括三江雷诺的塔菲克、武汉万通的现代H100、江铃的全顺,以及南京依维柯等。但由于价格高、油耗大等种种原因,这些引进车型统统敌不过国产"小解放"。一汽"小解放"定位于低端面包车市场,车型好看,便宜省油,一辆才6万多元,成为大多数预算有限的公司和单位采购首选。然而,刘志刚经过市场调查后发现,这款车虽然优点众多,但缺点也很明显,"质量真的不行"。因此,要想打败"小解放",必须开发出一样便宜省油、外形美观,但质量更好的产品。

这个问题难不倒金杯客车的工程师,他们利用丰田技术,在第四代海狮车的基础上修修改改,不到一年时间,成功研发出新型海狮SY6480。新海狮有多种配置,用户可以根据需要,自行选择,售价低则6万,高则上10万。不但做工精细,性能良好,而且外形与质量也比一汽的"小解放"提升不少。加之金杯客车全面推行"丰田精细管理",生产成本控制得好,即便以较低价格出售,仍略有盈余。

新车型开发出来后并没有被立即投放市场。仰融决定先礼后兵,带着图纸去长春拜访耿昭杰。"我这个车一卖,你的小解放肯定就不行了。"仰融志得意满地开始他的讲话。看到耿昭杰露出不屑的神情,他接着说道:"但是我开发这个车呢，也肯定要亏本。我一个月生产500台，一年打个折就是5000台。我把这个型号的许可证卖给你，你每台车给我1万元，总共5000万元，小解放一年盈利2.6个亿，抽出5000万还有2.1个亿可赚。这个情况，我是通报给你了，如果你不同意，我就按我的方式干了。"听闻此言，耿昭杰暗自在心底发笑，造车这么多年，还是头一次看到有人这么卖车，他一定认为仰融又在夸夸其谈，因此毫不犹豫地回绝了这个建议。

耿昭杰精于造车，却疏于资本运作，以及对汽车市场需求的预期把握。他把仰融拒之门外，也为"小解放"关上了一扇逃生之门，接下来发生的事情令其后悔不已。

正面交锋无可避免。1996年，金杯客车与一汽最终在市场上兵戎相见。金杯海狮SY6480因为造型新颖、性能优越、价格低廉、营销手段灵活等特点，一上市便受到中小城镇用户的热烈欢迎。受此冲击，一汽"小解放"销量大幅下滑，当年便从赢利转向亏损，损失高达数亿元。"小解放"从此一蹶不振，年产量一度低至5万辆，还不到年产能的三分之一。两年后，最终从轻客市场消失。与此相反，金杯海狮以胜利者的姿态一路高歌猛进，1996年产量跃进1万大关，年度销售额增加50%，一举成为国内轻客行业的排头兵。此后爆发令人惊叹的"跳跃式"增长，从单一品种发展到4种档次、10多个系列，价格从7万元到24万元不等，产销量从2万、4万连续增长到2000年的6万辆，当之无愧地成为中国轻型客车的"老大"，占据了60%的市场份额。同时，借助精细化管理以及票据销售模式，金杯客车一跃成为国内车厂中赢利能力最高、现金流最健康的企业。

金杯客车的异军突起令汽车界大为震惊。那些自诩为业内高人的汽车制造商们怎么也想不到，"不懂汽车"的华晨居然能让一家濒临倒闭的汽车厂起死回生，并且散发出空前强劲的生命活力。国产汽车30年陈规一成不变，无论是管理层还是技术工作者，全都思想僵化，暮气沉沉，坚守着腐朽的行业旧则，竭力维持不可持久的体面。如今面对仰融这样一个不守规则的闯入者,他们本能地意识到摧枯拉朽的危险讯号,于是不约而同地联合起来,暗中进行打压。

随后,断断续续地,有人开始向中央高层和经贸委告状,说华晨是"个体户"、"不懂汽车"、"不懂管理",还指责仰融"瞎搞"、"打着国家牌子侵占国有资产"。政府有意要引入竞争,看到华晨正在汽车界引起"鲶鱼效应",正求之不得,当然不会阻止。渐渐地,一些信件辗转到了仰融手里,他什么话也不说,看完就直接塞给苏强,让他存放在保险箱里。

凭苏强对仰融的了解,他知道,当仰融沉默时,一定是在酝酿反击。

第五章　打造中华车（上）

　　1996 年，海狮车的业绩表现让仰融暗暗吃惊，透过微微开启的市场大门，他仿佛瞥见了中国汽车工业波澜壮阔的未来图景。这时候，他突然发现，一个小小的轻型客车市场显得微不足道，于是，心中那个藏匿的想法悄悄探露头角：既然造车，为什么不去造轿车？

　　面对扑面而来的质疑、非议、诘难，以及未知领域的困惑与迷茫，仰融终究无法说服自己把目光从那块肥沃的土地上移开，索性带着一股豪情壮志，风风火火地投入到这个注定彪炳史册的行动中。

1

轿车夙愿

中国汽车工业发展数十年,长期处于一种"缺重少轻,轿车几乎空白"的畸形结构,轿车是每一个汽车人心中隐隐的痛。

自从 1958 年第一辆国产"东风"牌轿车在一汽下线,30 多年过去了,国产汽车厂除了"红旗"和"上海"两款轿车,实在拿不出多少像样的产品,自主轿车领域可谓乏善可陈。

"红旗"牌轿车从 1958 年投产到 1984 年停产,25 年间一共只生产了 1500辆;而量产的"上海"牌轿车,一年不过生产 3000 辆,不及国外汽车大厂一天的产量,而且该车是仿造 1953 年款奔驰,足足模仿了 31 年,一直到停产也没达到原车水平。几代中国汽车人为此脸上无光,没有人不想设计出一款拿得出手的轿车,长长国人志气。

1987 年夏,中央正式确定建立中国的轿车生产:"以一汽、二汽两个国有大企业为骨干，以合资的上海大众做补充"。不久，在纪念解放卡车诞生 30 周年大会上，中国汽车的奠基人饶斌也激动地讲起了轿车："我老了，不能和大家一起投身新的创业。但是我愿意躺在地上，化作一座桥，让大家踩着我的身躯走过，齐心合力把中国轿车造出来，实现我们几代汽车人的轿车梦！"当时台下鸦雀无声，老人的眼里闪烁着晶莹的泪花，感动了在场的所有人。这个场景被许多记者记录下来，成为轿车梦的一个真实缩影，激励着一代代汽车人前仆后继。

梦想归梦想，设计研发始终是一道难以跨越的障碍。即便邓小平说"轿车可以合资"，但技术已经落后几十年，何况精明的国外汽车制造商并不愿意与中国分享技术，搞合资多少年，自主开发轿车仍是一个遥远的梦。

然而，国产轿车发展的滞后并不能扑灭国人追求轿车的热情。

刚开始，一些胆子大的富人，顶着国家禁止私车消费的风险，悄悄购买从日本、韩国走私来的轿车。而后，随着私人买车政策松动，北京一些名流、明星、"有门路"的人，通过特批，买到国外驻华机构淘汰的"二手车"，私家轿车开始以一种灰色的面目在中国崭露头角。与此同时，传统"老三样"桑塔纳、富康和夏利以出租车的身份出现，极大满足了普通百姓乘坐私车的愿望。随后，在沿海城市温州，私人购买菲亚特跑出租蔚然成风。

到 20 世纪 90 年代中期，国家开始鼓励个人购买汽车，且规定"任何地方和部门不得用行政和经济手段干预个人购买和使用正当来源的汽车"。伴随国民消费能力的提升以及国家政策的鼓励，私人购车已经成为一股难以阻挡的潮流。

中国城市的街道上轿车数量与日俱增，且品种丰富，既有国产桑塔纳、捷达和奥拓，也有新型的斯柯达、波罗乃兹等东欧进口小型车。而一部分"先富起来"的人甚至愿意付出上百万天价，购买高档豪华的劳斯莱斯、法拉利等国外名车。

虽然街道上轿车越来越多，但真正出自国人之手的却寥寥无几。还有一个事实令中国的汽车人都抬不起头来：上海大众引进桑塔纳车型，照猫画虎地生产了一批零部件，居然没有一个合格。为了不搞"低标准，瓜菜代"，不得不引进配套企业设施，到最后"没有一家不需引进技术，没有一条生产线不需改造"。

这个案例直观地反映了中国汽车技术落后的现实，却没有揭示问题背后的根本原因：技术再先进，终究需要人来操作实施。

几十年来，国内真正能够理解并掌握国外先进技术的人才寥寥无几。当时汽车界有一个说法，"国外的汽车是设计师设计出来的，而国内的汽车是工程师设计出来的"。每次召开汽车设计研讨会，能称得上汽车设计师的屈指可数。搞设计的大多是工科出身，对工业设计一知半解，不是把模仿当做设计，就是把克隆认为开发，大有钣金师傅一夜之间成了汽车设计师的现代"神话"。

久而久之，中国汽车设计陷入步步沉沦的泥潭难以自拔。于是，干了一辈子的汽车人，越来越弄不懂汽车，以致业内开始出现"谈汽车设计色变"的现象。

仰融虽然不是搞汽车出身，却深知自主轿车研发对一个汽车企业乃至整个民族工业的重要性。

早在1993年，仰融无意中看到新华社记者、知名汽车观察家李安定写的一篇关于韩国汽车的考察报告。里面介绍了韩国汽车公司借助资本市场和国际技术支持，从无到有，开辟出一条自主研发道路的过程。那时仰融刚刚把华晨送到纽约证券交易所，满腹心思都是为国家为民族争光。看到这篇文章，他心有所动，随即带着苏强去韩国考察。

作为当时名声响亮的"亚洲四小龙"之一，韩国经济的腾飞被许多国家视为奇迹，而汽车业无疑在其中扮演了极为重要的角色。

韩国汽车工业在20世纪60年代初期从零起步，30年间，在"汽车国产化"政策的支持和鼓励下，通过合资，大量引进国外先进生产技术，终于在1990年自主生产出第一辆国产汽车，当年汽车产量达到132万辆。随后的数年时间里，年均增长率基本保持在15%左右，到1993年一举突破200万辆关口，形成了现代、起亚、大宇、双龙四家公司鼎立的市场格局,除满足本国需求外,还大量出口,使得韩国一跃成为拥有本国品牌的世界汽车生产大国。

对许多有志于发展汽车工业的国家来说,"韩国模式"无疑具有很大的诱惑力。考察期间,仰融还有一个重要发现:韩国上至总统,下到平民百姓,大家都以乘坐国产车为荣。这对他触动很大,回来后就下定决心模仿"韩国模式",走一条自主开发的道路,为民族汽车工业争一口气。

1995 年,华晨接管金杯客车,仰融真正进入汽车领域。这时,他把一部分精力用来思考轿车项目。期间,他偶然看到一个老汽车工业人写给国家领导的一封信,对中国搞了几十年都没有搞出真正属于自己的轿车深感痛心。仰融对此耿耿于怀,向许多人谈及此事,还把两年前李安定的那篇关于"韩国模式"的文章复印给每个华晨董事看。后来,苏强回忆说,"他(仰融)觉得,中国人搞了这么多年却没有生产出一台像样的国产轿车是一件很丢人的事情,他就想做一件事来轰动世界,改变别人对中国企业的看法"。基于这个想法,仰融说,"从那时候起,我就歪打正着,走上了这条不归路"。此后,仰融陆续找过东风汽车和长春一汽,洽谈合作生产小轿车的事宜,但都无果而终。

被拒绝的理由之一,是"华晨造车不行","仰融不行"。仰融是个争强好胜的人,别人说他不行,他偏要证明自己行。而且因为对造轿车要面对的困难一无所知,心理上没有负担,就能够轻装上阵,并不像传统汽车人那样畏首畏尾。他对负责金杯客车生产经营管理的苏强说:"不搞轿车还算不上真正的汽车公司,一定要搞出轿车。"

一个有趣的说法是,汽车是疯子搞的行业。在很多人看来,仰融一定是疯了。客车都造不好,竟然敢造轿车。"不疯魔,不成佛",正是这种毫无所畏的狂热促使他一路向前。后来中华轿车生产出来,仰融自己后怕,说,"如果当时我汽车知识了解到今天这么丰富的程度,我也许就不做了"。

抛开对民族工业的忧虑,以及为证明自己能力的冲动,中国轿车市场的巨额利润和宏大前景也令仰融欲罢不能。

　　1996年,中国消费者对私家轿车的热情已经达到令人瞠目结舌的程度。通常情况下,一款在国外表现平平的车型,拿到国内一定大受欢迎。与此同时,有人将中国与美国的轿车价格进行比较,发现同样性能的大众甲壳虫,中国售价是美国的3.36倍,通用别克是2.36倍,丰田花冠是2.8倍。仰融一度把海狮车视作盈利的典范,然而,直到此刻,他才发现与轿车相比,轻型客车能够带来的利润实在显得微不足道。那些令人血脉贲张的数字仿佛带有某种魔力,正在唤起他心中造轿车的念头。

　　这年初夏,第四届北京车展开幕,吸引了海内外近千家参展商,300多款展车刷新当时中国车展纪录,观展人数达到历史性的40万,其中绝大多数是普通百姓。见此场景,一位参展的海外车企高层断言:"Family car(家庭轿车)将改变中国!"一时间,外国汽车公司不约而同地盯上这块肥肉。通用与上汽合作生产别克轿车,刚刚在黄浦江边打下第一根桩;本田联合广汽,一起生产雅阁;大众则推出帕萨特。

　　冬天,面对愈演愈烈的轿车风潮,苏强感到前所未有的紧迫:"尽管经营得很好,但总不能只干金杯海狮这一个产品,怎么办?""研发新车型,"仰融说,"要制造拥有百分百知识产权的中国轿车!"

2

考　察

1996 年,仰融造轿车的传闻在汽车界四处蔓延,大多数人不是一笑了之就是不屑一顾,还有人故意让他难堪,调侃地问,"一群没有做过轿车的人搞轿车,能行吗?"

对于这个问题,仰融没有把握。但下面一群工程师却不服气,说,"我们是没搞过轿车,虽然面包车不是轿车,但也是汽车。我们虽然没有亲手设计开发过轿车,但目前也没有中国人搞过轿车的设计开发,大家搞的都只是轿车的国产化而已,不能叫开发,那也只是吃别人嚼过的馍"。这话或多或少点出了事实。当时轿车国产化热闹一时,但自主开发生产轿车还是一桩新鲜事,而且因为核心生产技术一直被西方汽车企业垄断,国内并不具备研发生产轿车的能力,国产化口号喊得响亮却进展缓慢。大多数时候,中国汽车人能做的,不过是按照国外的图纸和技术,在国内把零部件制造出来而已。

在这样的背景下,一个毫无轿车生产经验的汽车厂提出要自主生产轿车,难度堪比登天。

为了降低风险,不牵涉到更多的方面,沈阳政府要求华晨在此事上尽量保持低调,尝试把轿车与海狮车并线生产。一些迫切想上轿车项目的技术人员也煽动仰融,"用海狮的底盘,另外设计一个轿车的车身,在现有的基础上就能生产轿车","成功了就继续投资,不成功就算了"。

事后看来,这样的说法充满一厢情愿的天真,以及对技术落后的无奈。金杯客车以制造轻型客车起家,虽然沿用了丰田公司的生产方式以及部分制造工艺,但轿车终究不同于客车,无论是生产设备的精密程度,生产环境的要求标准,还是制造流程和设计工艺,两者之间都存在巨大的鸿沟,因此,以生产海狮车的设备与方法去制造轿车,显然不会取得多大成果。

仰融曾参观过国内外一些汽车生产车间,对轿车制造也算小有了解,知道并线生产不现实,但究竟如何上马,他心里也没有主意。于是,1996年冬天,仰融再次奔赴日本,与丰田公司谈合作,准备在沈阳制造轿车。然而,日方认为金杯客车海狮车年产不到2万辆,生产能力严重不足,这种情况下再引进轿车项目,不仅难以消化,还可能拖累海狮车生产。丰田亚洲部总管问:"你们华晨要搞轿车,中国的市场对你们来说就那么好?"仰融无言以对,只得作罢。

回到沈阳,仰融感到莫名的悲哀,心中空有一套生产国产轿车的宏图大论,却不知应该采用何种方式生产第一辆轿车,就在他近乎绝望的时候,符世枢的出现带来一线希望。

符世枢是一名老资格的汽车专家,身上具有技术型学者勤奋刻苦、精益求精的品质。他对汽车技术的钻研几乎到了痴迷的程度,曾作为总工程师负责海狮车技术引进和改造,展示出过硬的技术素养。另一方面,与传统汽车人埋头苦干不同,符世枢思维活跃,颇具开放意识。他精通英、日、德三国语言,多次到外国汽车厂考察,还曾到德国奔驰汽车公司研修学习,对轿车制造有比较全面的了解和认识，担任总工程师多年。同样的，设计生产出中国人自己的轿车一直是他的夙愿。

1996 年，看到仰融的计划难以进行下去，已经退休的符世枢主动出面。当时符世枢对轿车项目怎么上，要多少钱，心中并没有数，但因为怕把困难说大了，仰融不干。因此，他对仰融说，"上轿车不是个什么大事情"。金杯上下，仰融除了与老厂长赵希友要好外，就是和符世枢走得比较近。仰融一直欣赏符世枢的技术功底和人品，此时听他这么煽动，热情马上就来了。于是，仰融便聘请他作自己的技术顾问，一同为汽车梦奔走运作。

轿车项目上，仰融对符世枢表现出极大的信任，几乎言听计从。符世枢主张先去国外考察，"多跑几个地方，瞧瞧人家是怎么造车的"。1996 年底，在他带领下，仰融、苏强、吴小安等人登上飞往意大利的航班。

意大利素有汽车王国之称。在这个位于第勒尼安海与亚得里亚海之间的亚平宁半岛上，5600 万意大利人开着 3000 多万辆汽车出行，平均每千人拥有 600 多辆汽车，而在车辆更密集的中部都市拉奎拉，竟然每千人拥有 900 多辆汽车，接近家家户户人手一车。作为传统工业强国，意大利的汽车制造技术与造型设计堪称世界一流。那里不仅出产法拉利、兰博基尼等顶级名牌跑车，还聚集着一大批优秀的汽车设计师，当时欧洲十大畅销汽车中，有六款是出自意大利设计师之手。

仰融等人来到意大利考察汽车生产，汽车重镇都灵是一个不得不去的圣地。这座意大利西北部的工业城市拥有 35 万汽车产业工人，每年生产的汽车数量占到意大利全国总量的四分之三。那里最知名的菲亚特汽车公司，1899年以生产微型轿车起家，在近百年的历史中，推出一系列大受欢迎的车型，风行 20 世纪 60 年代的"菲亚特 124"以及 80 年代末进入中国的"菲亚特 126p"都是该公司产品。近年来，凭借政府支持，菲亚特先后收购蓝旗亚、阿尔法·罗密欧、法拉利和玛莎拉蒂等品牌，产品线覆盖微型轿车、轿跑车、顶级跑车等多个层次,不仅是意大利车坛霸主,也是世界十大汽车集团之一。此外,都灵还聚集着大名鼎鼎的意大利设计、平尼法瑞那、博通等世界闻名的专业汽车设计公司,拥有数十万具备优良技术传统的钣金冲压工匠以及长期从事汽车设计的工作室,能够提供世界一流的汽车设计、开发、原型车制作服务,每年能够设计400多辆样车,其中不少车型会被世界各大汽车公司重金买下,通过流水线生产,成为巴黎、伦敦、纽约街头的耀眼名车。

走进寒冬的都灵,看到街道上奔驰的款式各异的轿车,仰融感到全身血液都在沸腾。在符世枢带领下,一行人先后考察菲亚特汽车公司、意大利设计公司、平尼法瑞那设计公司等知名企业。与之前走马观花的出国考察不同,这一次仰融的目的性很强,就是要寻找一条可行的汽车生产之路,而且有通晓外语、精于汽车的符世枢作陪,交流和理解不成问题,仰融便沉下心来,深入考察意大利式的汽车设计和生产。

10多天下来,他不仅对轿车生产流程有了比较全面的认识,还逐渐对委托设计的合作方式产生兴趣。汽车工业发展近一个世纪,到20世纪90年代中期,几乎所有的世界级汽车制造厂都具备独立研发能力,但委托设计往往是更高效的方法。这样不仅可以缩短研发周期,而且能够有效节省成本,因此,绝大多数车厂会把新车型的设计任务交给专业设计公司进行,而都灵的几家设计公司往往会成为他们的首选。

接下来,符世枢率队转道德国西南部的汽车城斯图加特和巴伐利亚州府慕尼黑,先后访问了闻名世界的奔驰和宝马两家汽车公司。期间,仰融发现,奔驰车和宝马车的生产制造虽然精密,但两家公司无一例外地都采用零部件采购制,所用零部件并非自生自产,而是从全球汽车配套企业中招标采购而来。此外,宝马和奔驰车型换代升级,也都是交给意大利的汽车设计公司先做造型设计,然后依样推出新车。

联想到中国汽车举步维艰的现实,仰融不禁在心底暗自发问,"为什么我们不能像外国汽车公司这样,为什么中国的汽车厂总是搞小而全,想万事不求人,一个企业为什么一定要百分之百地在本土、本企业里搞研发生产,而不打开大门,去国际上寻找最恰当的合作?"

零部件采购制博取众家之长,既可保证低成本、高质量,且对物流库存及启动资金要求较低,对于技术研发落后、生产能力薄弱的企业来说,无异于一条迅速推陈出新的便捷通道。而委托专业设计公司设计车型则可以有效地避开国内设计能力不足的缺憾,利用国外先进设计理念,推出自主车型。

作为一个目光敏锐、意识超前的战略家,仰融看到了一条通天大道,他为这个发现激动不已,忍不住对身边的苏强说,"经济全球化当下,关键是知识产权是否被自己所掌握。世界上有那么多汽车研究和设计机构都大量闲置,非要将国门设一道铁丝网,关起门来设计生产,非要将中国设计的产品才叫国产化、自主开发,这错了!中国20年内能出一个世界级的设计大师吗?不投100亿进去,自己怎么可能设计得出车来?"

经过这次出国考察,仰融眼界大开,对当时的国际汽车产业形势和中国汽车工业发展思路形成了新的认识。他认为,中国人搞了这么多年汽车,始终搞不好的一个重要障碍,就是专家治厂。唯技术是瞻,唯规模至上,缺乏变通能力,忽视资本运作,以致无力掌握自主开发主动权,只能在制造业全球化的浪潮下,一步步沦为外国人的棋子。在他看来,中国汽车企业要想走出困局,就必须利用资本杠杆撬动全球资源,让资金、人才、技术迅速向自己靠拢,为我所用。

联想到韩国大宇、现代、起亚等汽车公司大量委托意大利公司设计车型,走上自主研发轿车道路的事实,仰融决定借鉴韩国经验,委托意大利人按照自己的要求设计汽车。大思路定了,接下来就是具体操作实施。

3

M1 项目

1997 年年初,仰融从金杯客车内部抽调出一批技术骨干,成立了一个代号为"M1"的项目小组,经验丰富的符世枢被任命为项目领导人,首先要拿出一套轿车开发方案。

要让意大利人来设计车型,前提是有基本的参考数据,因此制定车型数据成为项目小组的首要任务。然而,策划一个汽车项目是需要大笔资金的,当时符世枢等人只是知道仰融能运作来钱,但是并不知道他到底有多少钱,因此,做策划和规划的时候显得过于保守,导致提交上去的方案总是不能通过。

后来仰融意识到了这点,主动向他们交底,"按照最现代的技术水平和单班 15 万的生产纲领规划产品和工厂,资金不是问题"。为了解除符世枢的后顾之忧,仰融还说,"你们就当有无限的资金可用,展开思路,尽情地想"。

符世枢知道仰融出手大方,舍得付出,但他从艰苦的年代成长起来,知道物力艰辛,因此在具体项目操作上,能省就省。为了以最少的成本做到最佳效果,策划和操作轿车项目时,他专门提出一个"最小最佳规模"的概念,作为指导工作的总体框架。

另外,当时国内外关于轿车等级划分采用的是两套完全不同的标准。国内通常按照发动机排量来衡量轿车等级,小于1升为微型车,1至1.6升为普通车,1.6至2.5升为中档车、2.5至4升为中高档车,4升以上为高档车;而欧洲则是将车辆按照类型划分为客车M类,货车N类,拖车O类,并以汽车的轴距长短来确定轿车的档次,轴距最小的车为AO级,往上分别是A、B、C、D四个等级。因此,要保证意大利人能够看懂车型数据,华晨方面需要按照欧洲标准制定数据。

1997年春末,符世枢通过对当时国内外各种车型进行分析比较,考虑国内的零部件配套资源等因素,最终确定了一个基本的参考车型:

5座3厢车

4×2前轮驱动

整车重量:1487公斤

额定功率:92kW/6000RPM

满载车速:100千米/小时

制动距离:小于50米

最高时速:190公里

百公里油耗:6.5升

其中最关键的是动力总成[①]及底盘等相关参数,因为只有这些参数是不能做大的变动的,其他部分从头到尾都可以是新东西。

---

① 一系列零件或者产品,组成一个实现某个特定功能的整体,这一系统称为总成。

与此同时,M1 项目产品的市场定位也十分关键。当时中国汽车市场的主打车型虽然还是以桑塔纳、捷达和富康为主,但在日益增长的消费需求面前,"老三样"已经开始呈现颓势,汽车市场急需新车型来补充。可以预见,随着桑塔纳等老车型的淘汰,公务车市场势必将出现一次大规模的新旧交替。

另外,国家极力鼓励发展家庭轿车,一汽、东风等国有汽车厂纷纷生产针对家庭用户的紧凑型轿车。一时间,家庭轿车口号热烈,"城市高尔夫"、"神龙富康"、"菲亚特乌诺"、"斯柯达弗雷西亚"等车型通过各种方式进入国门。

20 世纪 90 年代,受石油危机及经济疲软影响,省油节能的小排量轿车逐渐成为西方汽车市场主流,尤其在日、德、意等国家的家庭用户中大受欢迎。许多业内人士由此认为,这类汽车也将会成为未来中国汽车市场的一大分支。仰融最初准备走一汽和东风老路,生产家庭轿车,但遭到符世枢极力反对。在符世枢看来,家庭轿车不过是热闹一时,难以维持长久。这部分车型的消费对象是工薪阶层,但售价不菲,以最低 13 万元人民币计,仍旧远远超出普通家庭购买力,因此,除了被少数人尝尝鲜外,并不会引起多少追捧。

另外,国际上通常使用轿车价格与国民生产总值的比值来衡量家庭的购车能力,根据这一标准计算,中国家庭年收入达到 5 万元左右时,才初步具备购买经济型轿车的支付能力。而当时中国普通家庭年收入不足 2 万元人民币,显然不足以支持轿车消费。即便以经济年均增长 8% 的速度计算,至少在 2005 年之前,轿车不可能大规模进入中国工薪阶层家庭,在这期间,被欧洲列为 AO 级、A 级的家庭轿车和紧凑型轿车,在中国不会有多大的市场空间。

但是,随着中国经济的迅速增长,各级政府和企事业单位对公务车与商务车展现出越来越强大的需求。正是看好这块市场,通用别克、大众帕萨特和奥迪 A6 都在陆续投产。另一方面,迅速增长的高收入群体也开始以拥有体面的私家轿车为荣,与针对家庭用户的小型车不同,通常情况下,这部分车型排量超过 1.6 升,以 B 级和 C 级车为主,也就是中级以上的三厢车。

经符世枢这么一分析,形势已经明朗无比。"这么看来,华晨制造轿车,要绕开 A 级和 AO 级,直接选择 B 级车",仰融最终拍板,"要让中国的老百姓可以花买桑塔纳车的钱买到帕萨特、奥迪一样品质的汽车",这就是后来的"中华"轿车。

4

借东风

勾勒出轿车蓝本,只是走完万里长征第一步,要把数据变成实实在在的车型,还有很多路要走。

轿车制造是一个极其复杂的生产过程,不仅需要强大的研发实力、完善的工艺水平,还需要具备足够的生产能力,以便把产品大规模生产出来。毫不夸张地说,在这个过分讲求真材实料的行业,资质平平的企业很难脱颖而出。华晨之前,国内汽车企业已在这个领域摸索许久,走了不少弯路,却一直不得要领,只能在轿车国产化的大潮中随波逐流。

显然,继续沿着这条道路走下去,只会在浪潮的拍打下横尸滩头。于是,仰融决定仿照宝马车国际分工的研发思路,借助其他企业之力,让华晨跨越技术障碍。

针对金杯客车研发不力、生产落后的先天缺陷,他准备采取委托设计的方式,把研发任务承包给擅长设计的意大利人,并以零部件采购、委托制造等方式解决具体的生产困难。另外,汽车生产过程中关键的铸造、冲压、焊接和涂装四大工艺交由德国人去完成,只要保证自主知识产权,本地化生产将不成问题。

解决了研发、零部件、制造工艺等问题,还有一件事困扰着仰融:发动机。相比上述问题,这才是最大的困难。一个流传甚广的比喻是:车身、零部件是一辆汽车的器官、骨骼和脉络,发动机则是汽车的心脏,其地位相当重要。作为汽车生产的核心技术,发动机技术往往被视作工业实力的象征,被传统汽车强国德国、日本所垄断。如果说设计、生产方面的不足可通过消化外部经验予以弥补,发动机领域的突破则是一项极为艰难的跋涉,需要耗费数代人的精力才可能取得微小进步。

中国汽车工业起步晚,底子薄,发动机技术更是十分落后,只能跟在西方国家后面亦步亦趋。通常情况下,发动机技术占整车技术含量的八成,价格至少占整车三成,但是由于缺少自主品牌发动机,国内汽车厂商只能花费巨额资金从德国、日本进口,成本大幅攀升。20 世纪 90 年代,国家下大力气引进了几个合资项目,但外国人并不愿意分享技术成果,牢牢抓住核心技术不放手。因此,合资多年,发动机仍旧是一道死穴,严重制约着中国汽车工业的发展。

仰融认为,要保持华晨长治久安,利润充足,必须抓住发动机不放,就在他开始四处寻找对策时,沈阳本地的一个合资发动机企业进入他的视野。

1996 年,中央领导视察沈阳的航天企业,发现生产航天火箭发动机的沈阳 111 厂因为市场有限,设备、人员大量闲置,经济效益迅速下滑,几乎到了发不出工资的地步。按照"以民用养军工"的思路,高层指示,通过合资形式向这家衰败的军工厂引进国外发动机生产技术。当年 8 月,中国航天工业总公司、日本三菱汽车公司和马来西亚马中投资控股有限公司三方合资,在沈阳 111 厂的基础上组建沈阳航天三菱发动机制造有限公司。

当时沈阳航天三菱主要引进生产三菱 4G6 系列汽车发动机,年产 10 万台左右,市场预期目标一是向马来西亚出口,二是与三江雷诺的塔菲克配套。但时隔不久,1997年金融危机大爆发,东南亚各国经济严重下滑,马来西亚出口无望,发动机大量积压在沈阳仓库中,单单凭借三江雷诺数千台的消化能力不足以扭转局面。于是政府找到耿昭杰,希望一汽接下这个烂摊子,当时一汽刚刚引进美国克莱斯勒488发动机生产线,改造后可形成年产40万台的产能,加上之前与大众合作的奥迪发动机项目,年产量将达到70多万台。"企业已经出现发动机卖给谁的担忧,"耿昭杰问,"如果还要拿下三菱发动机,一汽怎么吞得下?"

了解到这种情况,仰融向国家经济贸易委员会写了一个报告,说,华晨要造轿车,年需求10万台发动机,希望接手这家处境艰难的发动机制造厂。政府求之不得,爽快批准。1997年上半年,经过一系列资本运作,华晨汽车控股沈阳航天三菱发动机公司,日后这家公司将为中华轿车提供2.0升和2.4升发动机。

解决了发动机难题,可谓万事俱备,只待车型设计研发。1997年6月16日,华晨兵分两路,一路由符世枢领队,从北京飞往米兰。同时,仰融带领苏强与吴小安从香港起飞。两路人马在都灵会合,考察筛选将要合作的汽车设计公司。

都灵的几大汽车设计公司在世界上名号响亮,可谓各有千秋。其中平尼法瑞那公司的强项是设计名贵的跑车,另外能够提供一定规模的生产服务。博通公司的优势在于拥有大批专职的年轻设计师,设计风格前卫新潮。相比前两者,意大利设计公司崇尚朴实、简练、细腻、流畅的实用风格,该公司创办者乔治·亚罗是汽车设计领域首屈一指的人物,除了宝马、凌志等经典车型外,历史上曾获得巨大成功的大众高尔夫以及菲亚特乌诺、鹏托、派力奥等车型也是出自他手。除此之外,依蒂亚设计公司着重于汽车体系结构和高级工艺设计,并以承接批量制造的车型设计为主,曾给菲亚特汽车公司和印度塔塔汽车公司设计出多款畅销车型。

由于华晨第一辆轿车的市场定位是 B 级公务车,因此仰融舍弃了风格不符的平尼法瑞那公司和博通公司。他首先去拜访位于都灵市郊蒙卡利埃里的依蒂亚设计公司。这家公司的领导者巴乌罗·卡卡莫是一名思维严谨的汽车工程师,在他看来,发展中国家城市道路落后,市场购车能力有限,体型小且省油的两厢车将会大行其道。卡卡莫以印度塔塔汽车公司在小型车市场上的成功经验为案例,极力劝说仰融改造两厢车。

仰融并不否认两厢车在国内市场的未来前景,但正如前文符世枢分析的那样,此类车型的普及将是一个漫长的过程,更多的是依赖国民家庭经济实力的提升而非汽车制造商的引导。另外,由于中国人凡事求大求全,偏好三厢车,对两厢车的认识和接受程度还未达到西方的水平,因此两厢车在国内并不受欢迎。一个鲜活的例子是,东风汽车与法国雪铁龙合资,引进在欧洲畅销多年的神龙富康轿车,几年来始终卖得不温不火。反倒是车型早已过时,仅仅多了个尾巴的桑塔纳和捷达成为畅销多年的热门货。

想到这些,仰融认为华晨造车一定不能从两厢车起步,他礼貌地对卡卡莫说:"欧洲人家庭购车,用于代步,首选两厢车,省去了车尾的行李箱,车价还可以降低,也适合在城区村落古老狭窄的街道上行驶和停放,开起来也顺心顺手。而在我们中国,家庭拥有轿车还处于一种可以体现财力、象征身份的阶段,好不容易买回一辆轿车,连个车尾都没有,车身后面缺一大截,不符合中国人凡事图个有头有尾的习惯。"

卡卡莫具有意大利人固执己见的天性和工程师追求完美的特点,对于仰融的这些话,他不仅感到难以理解和接受,甚至开始质疑华晨合作的诚意。看到车型定位上的分歧难以弥合,仰融自觉多说无益,于是主动告退。

接下来,仰融去往意大利设计公司,与有着"20 世纪设计大师"美誉的乔治·亚罗闭门长谈。面对这个汽车界的泰山北斗,仰融毫不掩饰自己的雄心壮志,他向头发花白的乔治·亚罗历数中国汽车市场上桑塔纳、奥迪等热销车型,还语出豪迈,"依我看,在我们中国制造的这几款车,没有一个在技术上和经济上同时获得成功的产品"。仰融当时并不知道,桑塔纳的原型车帕萨特 B2 的外形正是乔治·亚罗操刀,看到对方嘴角露出一丝讪笑,他继续信誓旦旦地说,"我们华晨所要开发的车型,不但要在技术和经济两个方面获得成功,还要拥有自主知识产权,也就是说,这个车从里到外都属于中国,属于华晨,我们中国要有技术上与世界同步的国产轿车"。

透过厚厚的眼镜片,乔治·亚罗仔细打量眼前这个侃侃而谈的中国男子。当时德国大众名列世界第三大汽车公司,一款桑塔纳畅销全球,而这个毫无轿车生产经验的中国人却想一举超越前者,并且要求拥有自主知识产权,在乔治·亚罗漫长的职业生涯中,这样的事情还是第一次遇见,他甚至认为仰融是在夸夸其谈,因此直截了当地说,"仰先生,你给我出了一个难题"。

听到意大利人这么说,仰融明白这是在暗示归还知识产权的难度,但他并没有急着去辩驳,反而讲起另外一则典故:"1275 年,你们意大利人马可·波罗出海探险,风雨飘摇中,孤身一人来到中国,进了北京城,成为皇帝的翻译,在中国为官 17 年,回去的时候带走了中国特产通心粉。"乔治·亚罗没有料到仰融会讲起这么一件陈年旧事,关于马可·波罗的故事他了解不多,索性听仰融说下去:"500 多年过去了,如今通心粉在意大利有了新的口味,成为主要食品,在上海的意大利餐厅,也是一道叫座的西餐。"看到乔治·亚罗倾听入神,仰融话锋一转,"马可·波罗越洋来到中国的时候,中国还没有专利法,如果放到现在,你们意大利就算做侵权了,不但要向中国人支付一笔数额庞大的专利使用费,而且恐怕还要做出赔偿。"

乔治·亚罗总算明白了仰融想要表达的意思,接下话题:"所以,你从通心粉这件事上意识到了知识产权的重要性。"他稍微考虑了一下,接着说:"我可以答应你,我们接受委托设计,全部知识产权归你所有,当然了,这样的话,设计费用就要高一些。"

对仰融来说资金不是难题,关键是能够获得知识产权,听乔治·亚罗这么一说,他随即答应在价钱上好商量。看见会客厅侧壁挂着多幅两厢车的设计图,仰融赶紧对乔治·亚罗说:"我知道两厢车是一种国际潮流,上路驾驶灵活,停车占地面积小,节省能源,还能降低污染,是个好车型。"接下来,他再次向意大利人强调中国人的汽车审美观:"但我们中国人习惯把小客车称为轿车,这概念是从古时候的轿子上延伸出来的,买车看重的是一个'轿'字,讲究的是要有抬轿子的那种气派和享受。轿子前面有人抬,后面有人扛,主人坐在中间的轿厢里,所以演变成轿车,就要前有车头,后有车尾。"

"我知道了,你想要的是三厢车。"乔治·亚罗说。

"你说得对,我要的就是三厢车,"仰融点点头,继续强调中国人对三厢车的偏好,"中国人买车首选三厢车,世界各地的华人也对三厢车情有独钟。我做过调查,香港、新加坡很少见到两厢车,美国、加拿大的华人社区里见到的几乎全是三厢车。中国大陆,公务员、商人、中产阶级都喜欢大车身的三厢车,买不起轿车的老百姓,也是喜欢大车,三厢车。"

"你要的三厢车,多长多大?"

"当然要根据发动机的排量,但还要在文化上讲究。"仰融仍旧强调文化,他和符世枢一商量,最终拍板:4.88米长,1.8米宽,1.5米高。"我为什么选488?它对中国人来说是个吉祥的数字。一定要让这个车满足中国人的虚荣心,大大方方,造型敦厚。"

经过三个多小时的会谈,双方初步达成合作意向。透过会客厅的玻璃窗,红日西沉,晚霞映天,仰融感到前所未有的畅快。他站起身来,一面和乔治·亚罗握手告别,一面叮嘱道:"我们十分期待在您的主持下,意大利设计公司能够给12亿中国人拿出一款好车来。"

5

开 工

经过几轮后续谈判,1997 年 6 月 27 日,在意大利都灵,华晨汽车与意大利设计公司正式签约。华晨汽车以 6200 万美元的巨额费用,委托意大利设计公司以三菱发动机为核心,设计一款售价在 15 万至 18 万元人民币之间,形体宽大的三厢 B 级轿车,轿车造型和工程设计的完整知识产权归华晨汽车所有。

签署协议前,仰融把所有人召集到一起开会,说:"再过几分钟就要在那张纸上签字了,这些天大家都很辛苦,想听听大家对这个项目的意见,是否有信心继续做下去,一旦在那张纸上签了字,就是开弓没有回头箭,自古华山一条路,没有退路可走,大家都表一下态。"结果除符世枢和他带领的两名技术人员明确表示赞成外,其他人态度含糊不清,不置可否。看到这个情况,仰融明白这些人是心有疑虑,害怕项目做不成,引来风险。于是他果断地说:"我是董事长我说了算,有老符等技术人员的支持,我决定在那张纸上签上自己的名字。"

就这样，一纸协议开启了华晨的造车之门。

最初签订的这份协议是一个包括车型设计、车身制造在内的一揽子开发合同。但由于意大利设计公司擅长车型设计，疏于车身制造，乔治·亚罗便在合同中引入了第三方，主业为制造夹具及焊装的意大利 FATA 公司。按照协议，意大利设计公司作为设计主体负责轿车开发，FATA 公司作为承包者，除了前者的设计工作外，主要负责模具、夹具、检具、涂装等与车身制造相关的工作，以及零部件技术协调等具体内容。这样一来，项目费用大大增加，除需付给意大利设计公司 6200 万美元，还要支付给 FATA 公司 1800 多万美元的服务费。

合同签署后，由乔治·亚罗领衔，设计工作全面展开。不久，FATA 公司因没有足够的人力资源支持，开始在国内大规模招募临时工作人员。这种情况引起一部分华晨员工的不满，许多工程师认为，这家公司"不但费用高，而且不切合实际"，于是，有人向仰融提议，另外寻找专业公司接替 FATA 公司的工作。因为涉及违约赔偿、时间成本等问题，直到 1998 年 2 月合同到期，华晨才终止与 FATA 公司的合作。这期间，仰融和符世枢做了很多准备工作，其中至关重要的是零部件采购。

早在参观德国宝马公司时，仰融便对零部件全球采购心驰神往。如今华晨研发轿车，他决定采取相同方式来降低成本。但由于华晨首次开发新车型，且尚处于研发阶段，未形成量产规模，对零部件需求量较小，因此国外零部件供应商均要价不菲。同时研发新车型势必会用到许多全新的零部件，如果重新配套设计，无疑增加了研发成本。当时广大汽车厂商通用的方法是，对现有成熟零部件进行局部修改，避免侵犯知识产权，因为不需要进行大量试验，往往更高效、更经济。综合考虑实际情况，仰融决定从国内寻找零部件供应商，最大限度地使用现有资源，通过优化设计，将现有零部件匹配到新车型上。"等到新车型研发出来，实现所有零部件本地化生产"。另外，由于新车研发是一个多方互动的过程，需要零部件供应商、车身制造商等多个部门同步设计，协同合作，缺少任何一个部门参与,许多工序就难以进行,从而拖慢整车设计进程。于是,华晨开始在国内进行大规模招标。

20 世纪 90 年代末,国内汽车零部件供应商还不是很丰富,能够配合整车设计进行零部件开发的本土供应商更是少之又少,具备零部件独立设计开发能力的大多是大众体系的中外合资企业。但由于一汽、上汽等老牌国有企业并不看好华晨造车,与大众合资的零部件企业对华晨避之唯恐不及,更不用说提供技术支持。因此,华晨要搞汽车零部件配套可谓困难重重。

这样的情况下,仰融在沈阳专门召开了一次零部件供应商会议,寻求合作。由于当时国内还未有自主研发轿车的先例,零部件供应商多是按部就班地供货,对于零部件的配套开发闻所未闻。为了给他们一个比较形象的理解,不被指责纸上谈兵,华晨专门从国外买来一台样车,摆在会场外作为参考。然而,数十年未变的汽车技术引进模式根深蒂固,以至于人们觉得中国只能搞外国车型的国产化,对自主开发轿车不敢期待。看到散落一地的汽车零部件,许多供应商还以为华晨是在参考样车搞国产化。最后,经过符世枢等人的反复解释,他们才明白配套开发零部件的合作方式,但多数人还是疑虑重重,不敢轻易尝试。

看到这种情况,仰融一方面积极做工作,打消零部件供应商的顾虑和不信任;另一方面大力游说之前有过合作的零部件供应商,鼓励他们与华晨一起做一番事业。经过半年的努力,一些零部件供应商终于参与到 M1 项目中来。但由于新车研发涉及方面太多,技术难度过大,相当一部分关键零部件仍然没有落实供应商。最后,仰融与意大利设计公司商定,对于这部分零部件,暂时选用现有其他汽车上的零部件代替,等到汽车下线,供应商确定后,再按照华晨的要求生产。虽然冒着知识产权的风险,但为保证研发进度,也只能如此。

把车型设计任务交给意大利设计公司后,仰融即刻返回沈阳,到市政府批地,准备建一家轿车工厂。这时候,沈阳市政府刚刚进行完人事调整,曾主导华晨接管金杯客车的张荣茂届满离任,履历丰富的慕绥新接任市长。此人个性张扬,很希望建立政绩,他上任时已经 55 岁,作为市政府一把手,政治生命无多。通常情况下,这个年龄的官员就是等待退休养老,但慕绥新却不想在这个岗位上一事无成,一上任就开始雷厉风行地搞建设。

面对找上门来的好项目,慕绥新自然不会拒绝,但是在具体问题处理方面,显示出一个老牌政客的机警和老辣。那天,听完仰融制造轿车的简述,他明确表示:"你们要搞轿车,政府当然支持,但是这个事情太大了,我问了问,都说要用掉 100 个亿才能成气候,我可以告诉你,在沈阳搞轿车,我是支持的,但是我没钱给你。"

慕绥新此话或多或少点明了实情。作为辽宁省府,1994 年撤销计划单列市之前,沈阳财政一直和中央挂钩,极少用于工业投资。近年来,城市建设力度不减,政府财政多用于改建市容,几无盈余。加上慕绥新好大喜功,上任后即大刀阔斧地搞建设,想要立竿见影地缔造一个新沈阳,让老百姓耳目一新,根本不可能拿钱出来给华晨去造轿车。仰融对此也略有所知,于是说道:"我们华晨造轿车,不用沈阳市出一分钱,资金我们自己来解决,你在精神上支持我们就行了。"

不用政府出钱,一旦项目做成,政府可以坐收税利;假如失败,也不用承担风险,这样一桩好事,何乐而不为? 慕绥新随即表示:"我可以答应你,除了资金,精神上怎么支持都行。"最后,他还不忘提醒仰融:"上轿车项目要经过国家审批立项,一定不能草率行事。"

慕绥新不经意的一句话,点中了仰融的痛处。当时国内汽车企业上轿车项目,通常都是从外国公司引进一个成熟的车型过来,主管领导审查之后,说一声"好",就算批准了,然后就给下文立项。轿车制造出来,还需要经过多重检测、试验,达到安全行驶标准和环保排放标准,才能上市销售。如今,华晨造车八字还没一撇,车型还在意大利人的图纸上,无法按照上述程序办理,而且当时搞轿车,主管部门并不是很赞成,仰融决定暂时不向北京方面报批,暗中先把汽车造出来,只要质量够好,通过各项检测,"不允许上汽车目录,不让上市销售是没有道理的"。

慕绥新深知此举违反国家规定,但一时间也拿出什么好主意,便对仰融说:"对外先不要声张,对内大张旗鼓地搞,只要轿车造出来,总有办法上市销售。"听了市长这番话,仰融稍稍放宽心,集中精力运作 M1 项目。只是他不曾想到,正是这次疏忽,导致中华车下线两年都无法上市。

6

大跃进

　　一切按部就班地进行,到 1997 年年底,意大利方面传来消息:M1 轿车模型已制作完成,只需进行风洞试验,就可以确定车身最终造型,因此希望华晨派人过去验收。12 月初,符世枢带领六名工程师赶赴都灵,参与即将进行的风洞试验。

　　汽车造型设计不仅是一门讲究美观的艺术,更是一门计算精密的科学。许多关键部位不起眼的小细节的失误,都会对车辆运转造成重大影响,而风洞试验则是检测造型设计成败的一个重要环节。通过观察模型在气流中的运行状况,结合数据,对模型进行修饰完善,以达到美观实用、科学合理的目的。符世枢等人到来之前,意大利设计公司已经完成真实比例的油泥模型。到达次日,他们和意大利设计人员一道前往平尼法瑞那设计公司的风洞实验室,进行最后检测。当天,经过数小时试验,修改完善了一些细节之后,一台符合标准的整车模型诞生了。

1998年新年刚过,沈阳瑞雪纷飞,仰融和沈阳市副市长张瑞昌等人飞赴意大利罗马,转道都灵,到意大利设计公司观看车型实样。

第二天,在保密的设计室内,意大利工程师缓缓拉开银白色的蒙布,呈现在众人面前的这款轿车庄重大方、敦厚朴实,既符合东方审美,又富有西方风韵,堪称艺术佳品。看到如此庄重典雅的轿车模型,中方人员个个热血沸腾,脸上流露出既惊讶又兴奋的神情。仰融压抑住心中喜悦,围着样车仔细查看一番,对站在旁边的乔治·亚罗说:"造车,我还不太懂,但什么样的车看上去顺眼,开起来顺手,我还是有点体会的。你的这个车型不错,但还可以做一些改进。"接下来,仰融对轿车前脸隔栅、裙围等部位提出一些修改意见,意大利人想不到这个中国老板如此挑剔,但听他说得头头是道,也只好按照要求进行优化。

几经更改,仰融最终对中华轿车的外部造型予以认可,与乔治·亚罗一起将车模封板定型。2月24日,华晨与意大利设计公司正式签订后续设计合同,经过半个月的通力合作,双方对轿车内部造型达成一致,轿车开发进入工程设计阶段。

接下来,仰融开始按照国际分工的研发思路,在全球范围内寻求合作。世界上最大的轮胎供应商米其林公司在中国最大的生产基地在沈阳,选用其产品,配套轮胎包装运输成本可以降到最低。另外,通过沈阳航天三菱,可以顺利引进日本三菱动力系统。但仰融并不甘心就此止步,得知绵阳新晨动力机械公司和宁波裕民机械公司正在寻求发动机合作伙伴,他玩了一个花招:大肆散播华晨要与人合资制造发动机的消息,引起两家企业争抢合资机会。最终,仰融把两个都笑纳下来,分别控股50%。仰融明白,产品竞争,首先是比拼制造设备,华晨必须要花大价钱,引入一流设备,于是他和符世枢前往德国,分别与宝马公司的设备供应商德国申克公司、杜尔公司签订总装车间工程设计合同和涂装线合同,引进整车末端测试线、车身涂装全套装置。

仰融频频出击让沈阳市政府见识到华晨的诚意和实力。这年秋天,沈阳市政府下发批文,把位于大东区东山嘴子路 14 号金杯客车停车场外的一大片池塘,共 30 多万平方米土地拨给华晨,作为建设用地。10 月 11 日,M1 项目正式破土动工。华晨先期投入 2.5 亿美元,打造 10 万产能轿车生产基地。对华晨的轿车项目,沈阳市政府表现出极大热情。开工仪式上,市长慕绥新亲自到场,望着被推土机铲平的大片土地,说:"看起来,不久沈阳就可以出轿车了,这么大的工程,有事要办,先跟我说一声。"M1 项目上,慕绥新的确发挥了重要作用,在他授意下,政府尽量绿灯放行。后来一个记者看到他关于 M1 项目的一个批示,措辞严厉,迫不及待:各部门必须在 6 月底前办完手续,不得拖延。

得到地方政府的支持,新工厂建设进展顺利。11 月初,仰融和符世枢再次飞往德国,到奥格斯堡参观德国库卡机械人公司总部。库卡机械人公司是机械自动化领域的行业翘楚,以提供点焊、弧焊、喷涂、浇铸、装配、激光加工、检测等服务见长,是奔驰、宝马等汽车公司的长期合作伙伴。参观完充满现代气息的自动化车间,仰融深深地被德国人的高超技艺所折服,当即与库卡公司签订合作协议,计划从该公司引进机器人系统,装配到轿车工厂焊装生产线上。

随后,仰融与符世枢马不停蹄地赶往意大利都灵,进行零部件招标。作为第一家在国外招标的中国汽车企业,华晨的招标会着实引起不小轰动,当天,全球前 50 强汽车零部件供应商悉数到场,参与竞拍。结合实际需求与价格情况,华晨预先支付 1 亿美元费用,与其中 15 家企业签订供货协议。这样,一方面可以免除供应商的后顾之忧,另一方面在零部件正式供货后,只需再付材料费和人工费,以降低成本。同时,华晨要求供应商通过中国的合资企业生产供货,并保证零部件首期国产化率达到 70% 以上,以避免重复建设,降低运输成本。通过招标,不仅解决了长期悬而未决的制动、转向和悬架系统的配套开发,还落实了零部件本地化生产问题,为日后的长治久安打下了坚实基础。

签订完上述合同,意味着造车任务已转交到外国人手中。从此,华晨变成幕后操控者,指挥着国外专业公司按照自己的要求进行设计生产,在工厂建成投产之前,它唯一的任务是筹集资金,以应付即将到来的难以预知的投入黑洞。

汽车工业是一个大投入、大产出的产业,巨额投资是这个行业的血脉。丰田一年开发一个产品,三年工业化生产一个产品,平均一个上市的车型要投入20多亿美元。中国汽车工业之所以长期落后,最重要的原因之一就是资金跟不上。正是意识到这一点,仰融反其道而行之,以委托方式承包研发设计,虽然极大缩短了时间成本,但经济成本将大幅增加。

仰融向来出手大方,轿车项目上却克勤克俭,一分钱当做两分来花。同样的生产线,上海通用花 1 亿美元,上海大众花 7500 万美元,华晨只花 5000 万美元。然而,即便如此精打细算,仍是花钱如流水。除了要支付给意大利设计公司一笔昂贵的设计费外,华晨还要向零部件供应商、四大工艺供应商支付大笔费用,加上刚刚上马的 M1 项目,至少已经花去 4 亿美元。

花了这么多钱,轿车连个影子都没有,仰融这才意识到,与金融相比,造车简直是个无底洞。接下来,华晨不仅需要根据国外公司的进度,继续支付大笔资金,还要向沈阳的 M1 项目继续投入,购置设备、引入技术、测评检验,无一不是花大钱的工程。

华晨造车的资金一直出自金杯客车。金杯客车利润主要来自海狮客车,但随着产能达到瓶颈,市场竞争加剧,单台海狮车的利润日趋渐微。美林证券的一份分析报告预测,过去数年每年增长率平均超过 50% 的高增长期就要结束了。单凭海狮车一个赢利点已经不足以提供长久支持。

未来的增长动力来自何处?仰融辗转四顾,发现除金杯客车外,旗下其他企业多是有名无实,难以提供资金来源。另一方面,华晨汽车股票一直没有多大起色,到 1998 年,海外两次配发均不成功,每日平均成交量萎缩至 2 万股,市盈率仅为七八倍,海外融资功能几近于无。此时华晨资金链条紧绷程度可想而知。

仰融说过,汽车是目的,金融是手段。因此,当造车计划即将遭遇资金瓶颈时,他本能地把目光投向自己更为熟悉的金融领域。

第六章　打造中华车（下）

从 1998 年年底开始，在资本领域消失许久的仰融再次踏入金融江湖，以迅雷不及掩耳之势接连收购多家上市公司。人们惊讶地发现，这个资本狂人沉寂数年仍旧宝刀未老。

随着香港二次上市成功，他开始在制造领域频频发力，牵手清华，入主中兴，走进宝马。当第一辆中华轿车在沈阳下线，积蓄已久的力量终于喷薄而出，一个庞大帝国渐渐现形，露出勃勃雄心。

一切都像暴风雨来临的前夜，风卷残云，瞬息万变。仰融在其中翻云覆雨，指挥若定。

1

扩　张

眼花缭乱的资本大戏首先从香港拉开帷幕。

回归资本市场后,仰融收购的第一家企业是一家名为"欢乐天地"的香港上市公司。他最早注意到这家公司是在一年前,当时受东南亚金融危机影响,香港股市一蹶不振。

每当金融危机来临,总有一些资产优良的企业面临破产。从暴跌不止的恒生指数中,仰融发现了这样一家公司,它就是欢乐天地。

这是一家老牌的游戏娱乐公司,成立于1982年,主要经营娱乐中心、家庭游戏和儿童玩具等业务,在香港拥有20余间室内家庭游乐中心,颇具盈利能力。自从1995年在香港联交所上市,一度表现上佳。但1997年下半年开始,受金融危机冲击,节节溃败,传闻亏损过亿。

仰融对游戏娱乐业缺乏兴趣,之所以看上欢乐天地,与其说是想要进军第三产业,不如说是为了打通香港上市融资渠道。另外,与华晨控股情形相似的是,欢乐天地同样是在百慕大注册,办事处和营业地点均设在香港,这一点深得仰融青睐。

1998年11月23日,仰融以华晨汽车全资子公司Pure Shine的名义低价收购欢乐天地1.15475亿股股票,占总股本的30.69%。

收购当天,即对欢乐天地董事层进行重大调整,原先的几位董事局成员离任,仰融、吴小安、苏强、洪星、杨茂曾和何涛接任执行董事,仰融与吴小安分别担任董事局主席和副主席,华晨全面接手欢乐天地。

收购完成,华晨开始对其进行改造。1999年1月25日,欢乐天地扩充股本,公开发行面值0.1港元的新股票。华晨汽车以每股0.2港元的价格,认购6032.2万股新股票,随后又以0.2港元的价格,向一位独立第三人配售4000万股。经过这一进一出,扣除相关费用后,华晨总共集资1100万元港币,全部投入沈阳轿车工厂M1项目,而且华晨持有的股份毫发未损。

随后,为向M1项目提供后续支持,同时盘活欢乐天地资金链,仰融进行了几次关键调整。

2月,经仰融一手安排,欢乐天地的全资附属公司明日有限公司与沈阳松辽金华车桥有限公司签订《合营协议》,以3000万元人民币注册成立合资合营企业沈阳辽华汽车车桥有限公司,生产汽车车桥等相关汽车零配件。其中明日公司出资1530万元人民币,占合资公司51%股份,绝对控股。欢乐天地间接切入汽车领域,与华晨汽车微妙契合。

2月26日,基于欢乐天地全资附属公司欢乐天地有限公司负债累累的现状,董事会通过决议,结束游乐中心业务,关闭附属公司。由此,欢乐天地主要亏损被终止,并顺利完成主业转型,经营状况得以改善。不久,仰融将其更名为圆通科技控股有限公司(简称圆通科技)。

仰融很快发现,仅凭一家欢乐天地难以满足自己征战资本市场的雄心。从香港返回华晨汽车上海总部时,上海股市正在上演的一出"闹剧"引起了他的注意。

上海滩老八股中,名头最响非申华实业莫属。自 1990 年上市流通以来,这个从乡镇联合体发展而来的企业一直是股票市场的一只优绩股,受到投资人热烈追捧。申华从客运起家,迅速做大,到 20 世纪 90 年代中期,已经发展成覆盖客运、房地产、酒店旅游等领域的庞大集团。

盘子一大,就不好管理。加上申华是一只"三无概念股"①,公司所有股东都是分散的社会股东,极容易被恶意收购,创办者瞿建国对此忧心忡忡。为保障企业良性发展,避免恶意闯入者毁了申华,他从 1993 年就开始寻找强大而稳健的掌门人。几年下来,接触过不少国内资本大鳄,合适的寥寥可数。

1996 年秋,在瞿建国不知情的情况下,广东三新举牌申华,瞿建国旧部纷纷倒戈支持三新入主,一部分董事甚至提前拟定协议书,要求瞿建国改任"名誉董事长"。瞿建国不甘心就此下台,展开"内外斗法",一斗就是两年。为保住董事长的位子,他南下深圳,和当时风头正盛的君安证券董事长张国庆密谋。不久,张国庆以旗下子公司深圳君安投资发展有限公司名义出资 5 亿元人民币,收购申华 15.19% 的股权,成为申华大股东。当时正值君安辉煌时期,证券业务如日中天,连续三年位居股票营业额榜首,每年都有上百亿真金白银入账,堪称执股票市场牛耳者。

瞿建国一直认为,"申华产业结构不明晰,就像一个人一样,学了一身的本事,却找不到自己的定位"。如今找来君安这个大靠山,他不禁信心大增,对证券行业怦然心动。1997 年,瞿建国调整申华资产结构,把主业申华出租车公司

---

① 三无概念股在这里是指无国家股、无法人股、无外资股,一般来说,符合"三无"条件的上市股票,其公司股份全部为流通股,股权结构非常分散,不具备特别优势的大股东,在收购行动中最容易成为逐猎的目标。

和申华客运公司双双卖给上海琼森出租汽车股份有限公司,还准备把公司更名为申华投资,顺着君安的路子去搞投资。

然而,没过多久,一切打算都落了空。

1998 年,君安后院起火,张国庆因"虚假注资"和"非法逃汇"锒铛入狱。经此一劫,君安在申华实力大减,董事成员从 5 名削减至 3 名,不到董事席一半人数。瞿建国的反对派再次抬头;与此同时,君安派来接任的董事也开始与他不合。

无奈之下,瞿建国找到上海中路实业有限公司和江西科环高技术产业集团有限公司,想请这两家公司持股,以同君安抗衡,保住他在申华的地位。但由于君安实力强大,两家公司顾虑重重,不愿插手这场复杂的纠纷。

瞿建国的处境被上海社科院学者朱胜良看在眼中。此人从事财经研究多年,不仅理论素养深厚,而且具有丰富资本运作和上市公司兼并的实战经验,是金融领域的行家里手。朱胜良对这桩发生在眼皮底下的公司动荡抱以极大的研究热情,曾多次与瞿建国会面,商讨走出困局之道。如今看到申华再爆纠纷,他索性把这个积重难返的公司推荐给自己在西南财经大学的校友——仰融。

1999 年初,在上海延安西路国贸中心 26 楼仰融的办公室,朱胜良大谈申华实业:"这家公司变现能力极强,是国内少有的三无概念股,目前国内最理想的融资壳。只要拥有股权 15.19%,就可以获得 80% 以上股东参与配股送的现金流。"

花数千万元现金就可以得到上亿甚至几亿元的巨额回报,这可是一桩大买卖。仰融望着对面滔滔不绝的朱胜良,不禁深思遐想,他一直有一个愿望:把华晨汽车注入国内上市公司。苦于政策限制,该项计划一直难以实施。此时申华的变故,无疑是一个千载难逢的良机。

1999 年二三月间,通过朱胜良介绍,仰融开始与瞿建国接触。

第一次见面安排在上海华山路丁香花园。那天,仰融这样给瞿建国描绘华晨的前景：华晨拥有自主知识产权的轿车项目即将投产，预计 2001 年就能批量生产；到 2010 年，年生产汽车 100 万辆，产值 2000 亿元，纯利 150 亿元，跻身世界 500 强。瞿建国从来没有见过这种人，当时即被仰融的架势唬住了，对他的话将信将疑。

仰融看得很清楚，申华之所以走到今天这个地步，一方面固然在于股权过度分散，但瞿建国的毫不退让也有很大责任。要想收购申华，必须赢得这个当家人的信任。于是，他带着瞿建国走遍整个华晨，还充满诚意地对他说："做汽车多少年来，经常被人质疑，一直希望有一个真正可以没有束缚的公司来发展事业。我看中申华的，正是申华的自由身，真正彻底的股份制，完完全全的全流通上市公司。"

瞿建国深知经营企业之难，见仰融说得真切，诚恳地说："世界上有多少人真正敢去造汽车，你有这么一种想法，我很佩服。我愿意把在申华所有的都让出来。"成功说服瞿建国，接下来的事情就好办了。

关于采取何种方式入主申华，朱胜良给仰融分析，"申华大股东是君安证券的全资子公司深圳市君安投资发展有限公司，持股 15.19％。从君安自身来说，主业是证券，不会长期持有上市公司股票，赚到钱，就会甩手走人。所以，华晨只要同君安达成协议，就可以把申华实业拿下"。此话可谓一语中的，证券公司控股上市公司本身就有种种嫌疑，张国庆之所以投资申华，只是想赚一笔就收手，根本不会在此逗留。如今随着君安领导层大动荡，接连遭受调查，公司人心涣散，根本无暇顾及副业，对于申华这样一家内乱频发的公司，恨不得早早脱手。因此，华晨只要出价合理，便可以达成交易。

按照朱胜良的构思，直接接手君安持有的申华股权，便可以最低投入获得最大收益，不失为一个两全之策。然而，仰融想的却比这大得多，他决定釜底抽薪，全面收购君安投资，这样不仅可以拿下申华实业 15.19％ 的股票，还能够扩充阵容，壮大华晨队伍。

此时仰融头脑中已经浮现出一个大华晨图谱。

不仅要有美国上市公司,还要在香港和国内双双上市,而申华实业无疑是国内上市点睛之笔。在仰融的图谱中,华晨汽车的地位降至二线,因为出身限制,不适合在国内上市,将被安排到香港进行二次上市。至于国内上市方式,需另起炉灶,以一家新公司名义收购君安投资,控股申华这个融资壳即可。

几经考察,1999 年 4 月,仰融前往珠海,以中国金融教育发展基金会的名义注册成立珠海华晨控股有限责任公司(简称珠海华晨)。

时隔多年,仰融再次搬出基金会这个法宝,此时二者之间的关系变得异乎寻常的神秘。自从 1992 年华晨汽车上市后,华晨汽车与中国金融教育发展基金会之间的关系就渐行渐远。作为基金会副会长,仰融几乎从不登门,以至于"都不知道基金会的门朝哪儿开了"。但在关键时刻,他仍能自如运用基金会的名义行事。如今珠海华晨在短短几天内火速成立,全赖基金会背后撑腰。注册所需资金 6 亿元,也是由中国金融教育发展基金会及其全资子公司上海华晨实业公司(简称上海华晨)共同出资,各持股 90% 和 10%,仰融只是作为法人代表行使职权。

为充分扩大珠海华晨的权益,公司成立后,经仰融一手安排,金杯汽车持有的 200 万股华晨汽车股份,以每股 6.10 美元的价格转让给珠海华晨,转让价共计 1220 万美元。这样,金杯汽车在华晨汽车的持股比例下降到 3.87%,珠海华晨持股比例为 11.5%。

随后,仰融以珠海华晨和上海华晨的名义,全面收购深圳君安投资有限公司,珠海华晨与上海华晨分别持有 90% 和 10% 股权。经过这一轮资本重组,君安在申华的权益间接过渡到华晨名下,华晨成为申华实业大股东。

经此一战,华晨不仅打开国内股市通道,也使君安与瞿建国之间看似不可调解的矛盾迎刃而解,而这恰恰扫除了接管障碍。

4 月 19 日,申华实业在黄埔体育馆召开股东大会,进行董事会改选。为让华晨顺利入主，包括瞿建国在内的 7 名董事集体辞职，君安与申华双双让位给华晨。仰融、朱胜良、苏强等 9 人当选为新任董事，其中仰融任董事长，苏强任总经理。当选董事长后，仰融信誓旦旦地对瞿建国说："你在申华做得非常成功，你把申华这个接力棒给我，我一定会跑得更好。"

仰融曾说："华晨汽车一年五六亿元的利润，如果注入一家国内的上市公司，三四十倍的市盈率都是可能的。"因此，收购申华后，第一件事就是利用它去控股海外的华晨汽车。

申华董事会改选完成当天，仰融便迫不及待地向董事会提议，以申华自有资金和配股募集资金出资 9.4 亿元，收购珠海华晨控股持有的 887 万股华晨汽车股份，占华晨汽车总股本的 51%。

珠海华晨当时只持有 200 万股华晨汽车股份，仰融原计划等到方案获批，再想办法转移剩余股份。珠海华晨与华晨汽车本是一条战线，转移股份难不倒仰融。但由于华晨汽车纽约上市公司的特殊性，证监会不予批复，此宗交易迟迟未能达成。

无奈之下，仰融只得另觅他策。几经考虑，他决定偷梁换柱，先把华晨汽车一部分业务转移到申华名下，待企业转型做大，直接另起山头。

5 月，仰融取代瞿建国成为申华法人代表。他在申华下面设立金杯客车经销分公司，通过与金杯客车签署产品销售总代理协议书，把海狮客车的销售业务移植进来。这一措施极大地改善了申华的财务状况。不到 8 个月时间内，申华共销售 22026 辆海狮车，收入 23.65 亿元，实现利润 3243 万元，约占当年利润总额的 15%。从此，申华拥有了一个比较稳定的主营业务收入、现金流量和利润来源。

取得金杯客车全国总代理后半月，申华阵营再添新丁，一个名为上海华晨生物技术研究所的机构。该研究所是 1996 年上海华晨与第二军医大学合建，上海华晨投入 200 万美元和 300 万元人民币，享有 80% 权益，第二军医大学以人才和科技投入，享有 20％的权益。1999 年 6 月 2 日，经仰融安排，申华实业以 1 元的价格从上海华晨手中受让上海华晨生物技术研究所 80％的权益，此项转让令申华当年直接获益 711 万美元。

随后仰融又安排了几次换股。

9 月，申华将旗下上海申华商务大酒店有限公司 90％的股权与珠海华晨所持的铁岭华晨橡塑制品有限公司 95％的股权进行置换，差额以现金支付。这项交易，申华收益 2438 万元，约占当年利润总额的 11％。

10 月，申华实业两家全资子公司上海五龙汽车零部件投资有限公司和上海华安投资有限公司，共同受让上海华晨与华晨中国汽车零配件控股有限公司（在百慕大注册，董事长为仰融）共同持有的沈阳华晨东兴汽车零部件有限公司 100％的股权，受让价格为 3500 万元。

不久，上海华安和上海五龙以 1.21 亿元价格将沈阳华晨东兴全部转让给一家在英属维京群岛注册成立的投资公司。此次交易，两公司实现投资收益 8600 万元，申华实业间接收入 7305 万元，占当年利润总额的三分之一。

经过这一系列令人眼花缭乱的操作，申华实业迅速壮大，净资产收益率由上年的 10.13％跃升至 23.17％，增长 128.7％，俨然成为一块金光灿烂的优质资产。

1999 年 11 月，申华实业更名为上海华晨集团股份有限公司，这就是此后媒体曝光率极高的华晨集团，也是仰融打造汽车帝国的一个极为重要的融资平台。

2

香港二次上市

按照仰融的构思,国内融资任务交由申华承担,国外融资则依托华晨汽车。早在1998年下半年,随着金融危机退潮,香港股市逐渐恢复生机,他便萌生推动华晨汽车香港二次上市的想法。1999年,入主申华之后,他开始频繁往返于香港和上海,为香港上市积极奔走。

华晨汽车成立六年,顺风顺水,仰融从中体会到"基金会"和"海外注册"的种种便利。1998年末,为实现华晨汽车在香港二次上市,仰融故技重施,以"推动中国当地教育发展"的名义,到英属维尔京群岛以自然人名义成立大威德基金,自己占股80%,华晨"四大金刚"苏强、吴小安、洪星及何涛各持股5%。

大威德基金成立一年来,一直待字闺中。如今仰融推动华晨汽车在香港模式,终于有了用武之地。

1999年，大威德基金增设下属实体，在英属维尔京群岛注册成立大威德集团公司。该公司名义上是配合华晨汽车在香港二次上市，实际却是仰融窃取华晨汽车在香港资本成果的一次巧妙设计。公司股权结构中，除仰融、苏强等五人外，另外还有六位董事，但仅挂名而不享有公司权益。仰融享有绝大多数权益，同时极力模糊股权归属，使最终权益变得扑朔迷离，从而沦为个人私有财产。

从表面看，"大威德"和"圆通"二词均出自佛教用语，这正是仰融兄长仰翱惯用手法。据猜测，其背后正是仰翱上下其手。日后圆通科技扩股，正是通过大威德集团公司，仰融的权益被进一步放大。

还有一点可以揭示大威德集团公司的傀儡面目。和华晨汽车不同，该公司并无任何正式业务。成立不久即创办一家子公司 Auto EC. com Ltd. ，拥有70％股权，另外30％股权由独立私人投资者拥有，在大陆从事汽车及汽车零配件电子商贸经销业务。同时，大威德集团公司还趁互联网经济潮起之机，设立网站，为中国及海外旅客提供紧急医疗服务。概言之，这实际上是一家概念型的投资公司，只有资金，没有像样的业务。种种安排很大程度上是为掩人耳目，行投机之便。

与美国上市之艰难不同，只要获得香港联交所批准，任何公司都可以在香港上市。而且作为纽约证券交易所的上市公司，华晨汽车可以利用纽约股市和香港股市的对接性，在香港进行二次上市。

1999年8月，华晨汽车向香港联交所递交两地上市的A1申请表。经过为期一个月的审核，1999年10月，华晨汽车在香港成功上市。经里昂证券有限公司、中银国际亚洲有限公司及大福证券有限公司承销，华晨汽车进行全球第二次配售，并在香港公开发售。

上市后，华晨汽车以每股29.53港元的价格发行1958万股普通股，集资6.5亿港币，全部投入到轿车项目。仰融对外宣布："华晨将在5年内斥资40

亿元,打造中国人自己的轿车。"

从此,香港股市取代纽约证券交易所,成为华晨的重要融资平台,大洋彼岸的华晨汽车股票风雨飘摇。一年后,由美国普通股转换为美国存托证券,继续小范围流通,但退市只是迟早的事情。

3

牵手清华

1999 年,仰融的资本运作使华晨造血功能大为提升,财务状况明显好转。入主申华后,通过国内股市亦可为轿车项目提供强劲支持,资金已不是问题,于是,他分出一部分精力,为中华轿车下线提前布局。

首先需要解决的是人才短缺问题。经过多次海外考察,仰融深刻认识到人才对一家汽车企业的重要性。国产车之所以节节败退,不仅因为外形、性能拼不过外国车,主要原因在于设计理念陈旧,研发实力落后,归根结底是人才问题。如今海狮车用户反馈意见最多的一点,是设计一成不变、毫无新意,而这正是缺乏设计人员所致。另外,轿车工厂竣工在即,到时势必需要大批技术人才。沈阳虽是重工业基地,多有产业工人,高科技人才却极为稀少,每逢企业招聘工程师,通常是从其他企业重金挖人。长此以往,不仅用工成本大幅上涨,人员流动也过于频繁,以致企业人财两空。

深感人才之难得,在一次内部会议上,仰融这样讲:"作为一家汽车企业,没有一个科研基地不行,需要拥有一支研发技术力量。如果我们自己搞,要招很多人,很费事,投资很大,困难很多,最终也很可能搞不成。"

实际上,人才问题不仅是华晨一家的困难,也是当时大多数企业共同面临的困境。培养人才不仅会耗费巨大成本,而且要冒流失的风险,因此一般企业宁可花重金挖人,也不愿搞培养,从源头解决问题。由此导致行业人才奇缺,企业围着员工打转,更谈不上长远发展。

深思熟虑后,仰融决定跳出沈阳,从全国高校直接选拔专业人才。

几经考察,他看上了工科背景深厚的清华大学。清华的汽车工程专业是国内数一数二的优势学科。1952 年夏天,全国高等院校专业调整,清华建立起我国最早的汽车专业,40 余年来,迅速发展壮大,形成覆盖汽车理论、车身设计、发动机三个方向的专业大类,培养了一大批技术过硬的专业人才。金杯客车元老中,很多人就是出自清华汽车工程系。

仰融下了极大的决心,"一定要把清华大学这个社会资源引进来,成为支撑生产和经营的技术力量"。按照最初构思,前期请清华的专家做技术顾问,"提一些咨询意见,帮助华晨解决生产中的技术问题,按照国际标准来造车"。但关于如何引进合作,仰融并无主意。恰在此时,清华大学汽车工程系副主任宋健找到当年的学生,在金杯客车负责产品质量的池冶,请求金杯客车出面,赞助学生社团搞活动,同时希望提供学生一些实习机会。

当时清华大学汽车工程系成立了一个汽车协会,尽管学校给了很多支持,但由于缺乏经费,一些需要花钱的活动还是难以做成。宋健对池冶说:"你看看,沈阳方面能不能出点钱,支持我们这个学生汽车协会搞些考察活动,再办个汽车展览,还有一个汽车知识的演讲比赛,到时北京理工大学、北京航空学院的学生也会参加。"

池冶把上述想法转述给仰融,仰融认为这是好事,问清楚需要 10 万元资金,就决定出这笔钱。仰融进一步提出,华晨再出一笔钱,设立一个奖励基金,作为长期支持清华大学教育的一种途径,"鼓励汽车系、机械系、电子系的师生给华晨提供技术支持"。清华大学求之不得,马上同意以汽车工程系为主体,设立华晨清华奖学金,还请仰融过来做演讲。从此,仰融和清华大学也建立了联系。

仰融造车,深感高级人才之短缺,遂萌生与清华大学合作成立汽车研究院的想法。他说,钱不是问题,"企业不冠名","华晨二字不出现在研究院名称里",唯一要求是希望清华慷慨提供技术支持。在宋健和池冶等人的运作下,此事顺利通过清华校方批准。

1999年5月26日,以清华大学汽车工程系为骨干,机械工程学院为依托,多个国家重点实验室为基础,清华大学和华晨控股共同组建清华汽车工程开发研究院。

仰融以珠海华晨名义出资1亿元人民币,设立专项基金,由华晨管理,保证10%以上的年增值,每年向研究院提供不低于1000万元的科研经费。此外,仰融还毫无保留地把中华轿车的设计资料、工艺设备图纸和技术捐给研究院。清华方面大为感动,表示全力支持华晨生产管理。

研究院创建之初,发展目标颇具华晨色彩:"开发设计具有我国自主知识产权的汽车技术","为我国民族汽车工业的发展和技术进步提供技术支持"。诚如斯言,研究院在中华轿车的生产过程中发挥了重要作用。

1999年,为使企业职工获得继续深造的机会,国家教育委员会批准一些高校设立校外硕士点。作为首批试点高校,清华大学在沈阳设立工程学硕士教学流动站,为华晨培养50多名高级人才。同时,清华大学的汽车专家对仰融赠予的中华轿车图纸和四大工艺数据进行消化、吸收,用于教学工作,并指导华晨工程师进行设备调试,汽车生产。

就在研究院成立前两周,意大利设计公司拿出了20世纪最后一个作品:

中华轿车。5月19日,按照两个月前仰融和英国汽车工业研究协会(The Motor Industry Research Association,简称 MIRA,即米拉公司)签订的协议,中华轿车样车被运往英国进行性能鉴定和安全检测。

英国汽车工业研究协会是世界著名的第三方试验验证机构,以提供严格苛刻的汽车排放、安全、噪声和电磁干扰等一系列测试著称,国际汽车界无不以通过其验证为荣。华晨选择这家机构,无疑是追求卓越品质的表现。

从1999年5月到2001年8月,中华轿车陆陆续续地在 MIRA 实验室进行了长达三年的45项(种)检测,与此同时,零部件配套开发全面展开。因为国内汽车安全技术落后,华晨把安全气囊系统交由著名的德国 TRW 公司开发。该公司进行了近乎苛刻的开发试验,仅碰撞一项,就用去十几台样车。为确保零部件质量,华晨对样车进行老化、振动、盐雾等数十项试验。轿车投产前夕,华晨又在国内进行气候适应性试验。在零下45℃的黑龙江,海拔4800米以上的青藏高原,38℃高温、高湿的海南,驾行10万公里,测试19个项目,顺利通过国家34项强检试验和定型试验,充分验证了轿车稳定性与可靠性,排除安全隐患,为批量生产做足准备。

样车验证,安全检测是最为关键的一个环节。该项内容主要是对样车进行碰撞试验,通过数据分析,验证驾驶安全性。一旦通过试验,意味着该样车初步具有量产的可能。

7月5日,MIRA 碰撞实验室,在牵引块推送下,样车以时速64公里迅速冲向刚性墙壁。随着"嗵"的一声巨响,车头被撞得扭曲弯裂。驾驶室机器人各部位感应器记录下的数据显示,全部参数控制在安全尺度之内。随后,一根30厘米粗的钢棒以时速50公里的速度先后撞向样车后、左、右、上四个方向的关键部位,所有数据都在安全线内。经过第二轮重复试验,样车顺利通过国际上最为严格的碰撞试验。

7月16日,MIRA 提交碰撞报告:中华轿车达到设计要求的 ECE98 标准和各种技术指标。随后，根据 MIRA 提供的意见，符世枢与乔治·亚罗就样车系统性能、部件结构等方面进行讨论，并做进一步改善。华晨在样车研发与检测方面投入的精力丝毫不逊色于国际一流汽车制造商，令乔治·亚罗刮目相看。后来他对仰融感叹："虽然你不懂汽车但是你精得像猴一样。"

1999 年 9 月 28 日上午，经各方密切配合，由意大利工程师和技师们手工制造的第一辆中华轿车运抵北京国际机场。

按照计划，样车将被密闭送往清华大学进行展示。但根据规定，凡进口货物均需在机场开箱，由海关和商检当场查验核对，确认无误、无损后才能放行。为防止车型过早外泄，华晨展开公关，几经活动求情，相关部门终于同意不在机场开箱验货，而是派人随车前往清华大学，拆封查验。经海关和商检核查无误，第二天，意大利工程师对样车进行最后、全面的检测和调试；确认样车完好后，把车钥匙交到华晨工程师叶骏手中。

叶骏紧握方向盘，轻踩油门，在众人引导下，把样车停到展示台上。

4

汽车目录

中华轿车落地不久,沈阳工厂随即竣工。华晨上下群情激昂,忙着调试设备,准备开工投产。然而,仰融却高兴不起来:没有"准生证",即使汽车生产出来,也无法上市销售。

中国汽车40年,国家一直以目录方式进行产品管理。所谓的"准生证",就是《全国汽车、民用改装车和摩托车生产企业及产品目录》,不在目录之列的任何企业无权投产或转产汽车,未进目录的汽车产品也不能进入各地市场销售,更不能上路行驶。

几十年来,凭借一纸文书,国家成功控制住汽车行业盲目扩张和低水平重复建设。但随着市场经济的不断强化,汽车业由卖方市场转向买方市场,这种明显带有计划经济色彩的管理方式越来越成为一种束缚,饱受诟病。

以行政手段管理市场行为本无可厚非,但这个准入门槛高低不一,对不同对象往往是两套标准：对于国家圈定的一汽大众、上海大众等正规军，几乎毫不设障。对于华晨、吉利这样的杂牌军，百般阻挠，即使几经磨难也未必能获"准生"资格。

更为严重的是，政府调控事无巨细，把本应由企业自主决策、自主经营的业务列为行政审批内容，对产品管理过细，目录发布不及时，导致企业贻误市场良机。这不仅违背推动行业组织结构优化的初衷，难以解决"小而散"的产业弊病，而且因为管理混乱滞后，缺乏监督，滋生暗箱操作，损害行业整体利益。

许多搞了一辈子汽车的老专家依然记得，20 世纪 90 年代中期，汽车需求量大增，价格却贵得惊人，卖汽车成了一条生财之道。很多人想方设法得到目录，进口散件组装，甚至干脆就进口整车。于是出现了一个令人啼笑皆非的现象：违法经营者趁机渔利，而合法经营者则往往被目录卡住。这不仅给国家经济造成严重损失，也使汽车工业遭到沉重打击。

汽车目录的不合理令许多汽车人心灰意冷，当初造车时，仰融便对此敬而远之。在沈阳市长慕绥新的鼓励下，仰融采取先造车、后审批的方式。如今样车落地，开工在即，中华轿车却仍未进入产品目录，令他大为苦恼。

想到清华大学展厅摆放的中华轿车，仰融心生一计：利用北京的资源优势，把各界人士请去参观，让他们亲眼目睹这辆拥有自主知识产权的轿车，希望能为上目录增添砝码。

1999 年冬天的一个下午，阳光照在雪后的清华大学汽车工程系大楼上，有一些刺眼。这栋建筑内一间宽敞的展示厅里，中华轿车静静地停在展示台上。流线型的车身、窄而上挑的侧窗、大气的前脸、锐利的车灯，配合光线的变化，散发出典雅而神秘的气息，显得格外富有冲击力。

这是一次展示，更是一次游说。受邀来此的客人们都是有头有脸的人物，当他们第一次看到这款以自主知识产权为噱头的轿车时，跃跃欲试，轮流钻进车里体会一番，脸上流露出惊讶的神情。他们当中的很多人在亲眼见到这款汽车前,根本就不相信一个不懂汽车的企业能够拿出像样的产品。可当他们真正置身车内,握着有质感的方向盘,看着仪表盘上闪烁的光亮,却不得不相信这是事实。

站在一旁的仰融头发油光,齐齐后梳,声音洪亮,富有感染力地开始了如同演讲一般的介绍。当他说到这车"开起来像宝马,坐起来像奔驰,而价格却像桑塔纳"时,演示厅里充满了表示惊疑的啧啧之声。尽管已经体验过乘坐感受,可是对于仰融这番话,不少人还是觉得难以置信。

中华轿车在清华大学展出的消息传播开来,惊动了不少人。不久,国家计划委员会主要领导一行人前来视察。

里里外外看下来,计委领导对中华轿车连声赞好,但是当他打开车头盖、发动机上赫然露出三菱公司的商标时,他不无遗憾地说:"这么漂亮的国产轿车,发动机却是人家的,不合适啊,最好能够用上中华自己的发动机。"

这话一语点中仰融要害,和汽车专家长年泡在一起,他深知中国汽车通病就是没有自主发动机。"一个汽车公司的伟大就是有自己的发动机。没有发动机而做汽车,就是短期行为。"

中华样车所需上千件零部件都可以通过消化吸收,实现本地化生产。唯独自主发动机技术始终得不到解决落实,只能采用沈阳航天三菱的产品。而三菱公司把 20 世纪 90 年代初的发动机卖给华晨后,迟迟不更新技术,仰融每次交涉都解决不了这个问题,因而忧心忡忡。

如今听到计委领导这样说,他马上接话:"华晨正在想办法,准备中华轿车上用自己的发动机,但不知道具体怎么上马。"

一同前来的经济预测司李刚处长说:"欧洲有一家开发汽车发动机的专业公司,英文叫 FEV,总部在德国亚琛大学,是世界一流的发动机开发公司。你们可以同他们联系,看能不能一起合作,开发自己的发动机。"

德国 FEV 主要从事发动机研发设计,是世界三大权威内燃机研发机构之一。经李刚这么一提,仰融怦然心动,马上成立一个三人小组,在全球范围内寻找能开发发动机的人才。

参观完样车,仰融详细汇报了华晨造车的经历。

计委领导对华晨委托设计,自主开发轿车的模式颇为赞赏,对随行人员说:"你们看看,人家华晨没有要国家一分钱,一样把轿车造出来,我看是挺好的。"还鼓励仰融:"好好干,把中华轿车搞好,让中国也有像样的轿车。"①

尽管如此,进目录一事仍旧苦无着落。

按照仰融最初的设想,中华轿车生产出来,只要产品质量好,不可能不通过审批,上市不成问题。事后看来,他过于乐观地错估了形势。除了汽车目录对合资公司的政策限制外,来自传统汽车势力的阻挠也是华晨迟迟领不到牌照的原因,其中一汽的干预尤为严重。

华晨与一汽的斗争由来已久,尽管这几年相安无事,但并不代表双方言归于好。

中国汽车界,一汽以老大哥自居,志在维持行业秩序;华晨则是以颠覆者的形象出现,争露头角,一直试图冲破业内束缚。二者之间的矛盾难以调和,一汽指责华晨不懂汽车,仰融是门外汉;华晨不服气,暗暗较劲,非要在一汽眼皮底下做大汽车业,而且还拿出一款中华轿车,证明造车实力,成为一汽开拓轿车市场的竞争对手。

公务车市场一直是国内汽车市场最大的一块蛋糕,凭借政策优势,一汽旗下的红旗轿车在此独领风骚数十年。

20 世纪 90 年代后期,合资品牌纷纷发力,抢占市场。面对帕萨特、别克等

---

① 据《经济观察报》2001 年 11 月 26 日《华晨嬗变》一文披露:仰融说,从 1997 年决定投资中华车那天起,他就没有把审批当做一个障碍。如今,在他投资汽车达到 41 亿元人民币的时候,他对国家计委领导说,不要你出钱,只要你知道我是爱国的,只要你支持我,我就知足了。

车型冲击,一汽重新调整红旗定位,相继推出针对政府采购的高端红旗"世纪星"、低端红旗"吉星",以及针对高收入群体的红旗"明仕"、红旗"18"。产品覆盖高中低三个档次,价格最低17万,最高不超过30万。无论是价格区间,还是产品定位,都与中华轿车不谋而合。因此,两家交锋无可避免。

华晨与一汽的较量,从产品名称上就可见一斑。据说,仰融执意把第一辆轿车命名为"中华",针对的就是一汽门下的"红旗"。多年来,红旗一直被视作民族汽车品牌的旗帜,华晨针锋相对地提出"自主知识产权"概念,还气势汹汹地在全球范围内委托设计生产。相比款式几乎一成不变的红旗车,中华轿车无论是外形还是性能,都具有极大的杀伤力。

作为直接竞争者,一汽当然不会听任华晨发展壮大。申请目录过程中,一汽暗中阻挠,手段虽不光明,却足够高效。

另一方面,华晨产权云遮雾罩,"身份"归属令各方官员们大惑不解。"出身"问题解决之前,无人敢贸然批准中华轿车进入轿车目录。

1999年,仰融四处求助,申请汽车目录。当时同样是"出身不好"的李书福跑到经贸委,帮清洁工打扫卫生,摸清门路,进了大门,但最终被拒。相比吉利民营企业的身份,华晨的背景要复杂得多,因为牵扯的方面过多,最终拖累了中华轿车的上市。

一个耐人寻味的事实是,2001年下半年,经贸委汽车目录制改为目录公告制,几乎与仰融一起开始造车的李书福获准生产轿车,而华晨却依旧没能进入轿车目录。

围绕汽车目录,华晨还有很长的路要走,限于种种原因,这个过程注定异常艰难。即使仰融搬出沈阳市政府,也不会轻易得偿所愿。

5

暗度陈仓

上海宁波路是一条风格古朴的金融街,两旁高楼林立,路东尽头1号,是一幢灰色外墙的现代化大厦——申华金融大厦——仰融在上海的新大本营。入主申华后,华晨全班人马从延安西路国贸中心移师此处。

仰融的办公室在26层,朝东,透过厚厚的玻璃,外滩繁华尽收眼底。

将一切掌握在股掌之间,是仰融一贯的风格。望着滚滚东去的黄浦江,令人顿生时不我待的悲情。俯仰之间,仰融常常为他的汽车帝国忧思伤神。如今,依靠出神入化的资本运作能力,他已构建起一个跨越南北、覆盖中外、集结18家零部件企业,3条融资通道的庞大网络,但由于实业薄弱,偌大一张网络,全靠金杯客车一家支撑。而随着轻客市场竞争加剧,金杯客车势必难以维持长久。看来,中华轿车上市之前,华晨将有一段难熬的日子。

1999年秋,仰融偶然获知,河北保定一家名叫"田野汽车"的公司拥有一套业内称道的模具,很适合轻型客车生产。正想提高金杯客车产能的他随即前去考察,这恰恰引出一桩惊天合作。

田野汽车坐落在河北省保定市韩村南路 97 号,由保定汽车制造厂发展而来,以生产皮卡起家,曾经热销一时的丰田海拉克斯皮卡就是从这家汽车厂下线的。1998 年,田野汽车在中央电视台打出"四万八千八、田野开回家"的广告,开始广为人知。由于拥有皮卡自主知识产权,且掌握大批汽车目录,还与加拿大华侨成立中兴汽车制造有限公司,合资生产皮卡,图谋加拿大上市,着实风光过一段时间。

皮卡是一种多功能用车,既有轿车车头,又有货车车厢,动力强劲,驾驶舒适,能进城,能下乡,用途广泛,价格便宜,是一个很有前景的车型。美国十大畅销车型中,皮卡位居前列。20 世纪 90 年代以来,随着国内经济迅速发展,个体户、小老板数量激增,皮卡城乡需求旺盛。

田野汽车在这股潮流中发展迅速,如果不是管理不当,决策失误,这原本将是个大有前途的企业。1998 年末,当时的管理层急躁冒进,贷款投资,置地建厂。大规模建设导致流动资金缺乏,无力进行生产投入,投资数亿元的汽车厂常处于半停产状态,90% 产能放空,元气大伤。到仰融来访时,田野汽车已经停工数月,几近倒闭。

走进保定市高新技术产业开发区朝阳北路 215 号田野第二汽车厂的车间,仰融吃惊地发现这里的结构布局、生产线造型设置竟然同金杯客车如出一辙。原来田野二厂与金杯客车渊源颇深,二者都是由机械工业部第四设计研究院设计,几乎是共用一套图纸盖起的两家汽车厂,唯一不同的是,金杯客车制造的是轻型客车,田野二厂则是生产皮卡。这样一来,田野二厂的设备稍加改造,便可以生产海狮客车。另外,凭借管理金杯客车积累的丰富经验,挽救田野汽车不成问题。

仰融大喜过望,随即和田野汽车董事长李平玉谈合作。李平玉对仰融的融资能力佩服有加,知道华晨资金雄厚,在企业缺少资金的关键时刻,自然不会拒绝送上门来的橄榄枝。

为了牢牢抓住华晨这根救命稻草,李平玉故意放出消息,"田野正在和宝马密谈合作,前前后后已经谈了3年"。仰融深知宝马公司觊觎中国市场良久,自1997年在北京设立代表处,先后接触大陆10余家潜在合作方,但一直举棋不定。如果真像李平玉所言,借助宝马的实力,田野汽车一定会大有作为。

详加了解后,仰融得知宝马公司对田野旗下中兴汽车兴趣浓厚。这个企业基础很好,曾斥资5亿多元引进生产设备,被宝马看中,准备合资生产SUV,谈判将近3年。他对李平玉说:"李总,干脆咱们合资吧,你把中兴汽车拿出来,我们出钱,成立一家合资公司,我控股,把二厂的装配线开动起来。"李平玉求之不得,很快促成此事。

经多方运作,中兴汽车的外资方主动退出,华晨以3000万美元的投资额,取得60%绝对控股权,其中华晨控股旗下的一家名为文兴控股的全资子公司持股50%,珠海华晨持股10%,剩余40%股份归河北田野持有。10月12日,双方在合资协议上签字,华晨全面接管中兴汽车。

如果说考察田野汽车之前仰融只是计划利用对方设备扩大金客产能,那么详加了解之后,他的兴趣已经完全被李平玉所说的宝马合作项目所吸引。合资中兴不久,仰融即委派金杯客车常务副总经理肖伟担任中兴汽车总经理,主管皮卡生产。而自己则带领华晨四大金刚,开始准备与宝马公司进行接洽谈判。

自20世纪90年代以来,西方汽车制造商高举合资旗帜大举进犯,别克、奥迪等中高档品牌在中国市场的热销令宝马心动不已。与此同时,进口宝马在国内需求旺盛,令宝马总部大受鼓舞,决定合资投产,派代表前来中国精心挑选合作对象。考察谈判多年,始终没有确定合资对象。宝马放弃一汽、东风、上汽等大公司,偏偏与名不见经传的田野汽车谈判,固然是看重其多年生产皮卡积累的丰富经验,以及土地、税收和劳动力方面的优惠。但往来三年一直不敲定合作,与其说是考察中兴汽车表现,不如说是在等待合适对象出现。

仰融认为华晨就是这个合适对象。他曾多次前往德国慕尼黑宝马总部考察,对宝马造车理念颇为熟稔,而且中华轿车生产过程中亦有一部分是与宝马设备供应商合作的,相比其他国内厂商,华晨更有合作优势。

为了显示合作的诚意,华晨不惜花费数百万元巨资,购入10余辆高档宝马轿车,配备给华晨高层。仰融的座驾是一辆银灰色宝马528,后更换为宝马540,苏强则是低一个档次的宝马530。吴小安常驻香港,选用宝马328,但仰融还是在上海给他预留了一辆宝马538。其他10多名高管用车,也悉数更换为宝马。

经李平玉引荐,仰融前往北京宝马公司代表处,会见宝马高级副总裁派森,表明合作意向。

德国人派森在中国多年,几乎跑遍所有国内汽车厂,一直认为中国人不会造车,更缺乏造车诚意。因此对于找上门来的仰融,神情倨傲,丝毫没有合作热情。然而,当他得知华晨高层配车全部是宝马轿车时,感受到这家汽车企业的拳拳诚意,态度陡然转变,仰融趁机推荐中华轿车,并邀请宝马方派人到沈阳考察。

2000年元旦过后,派森与宝马驻华高级代表董显铨一道前往沈阳。派森调侃自己到达沈阳后差点冻死,但当他看到华晨正在安装的中华轿车生产线后,大感兴趣:"走遍全国,只有中华轿车的生产设备可以共线生产宝马,尤其是涂装设备,跟宝马技术是同步的。"派森提出,中华轿车达到10万辆设计产量前,可以共线生产宝马。

返回北京后,派森随即向德国总部汇报,总裁米尔博格决定试试看,于是,宝马最终放弃与中兴汽车合作,改选华晨。

6

下　线

对仰融来说,与过去的那些年相比,2000 年堪称丰收之年。

整个上半年,华晨节节开花。与宝马合作进入实质谈判阶段,皮卡业务扭亏为盈,圆通科技盈利能力大幅提升,申华阵营迅速壮大,并与显露败落迹象的海南华银脱开干系。期间,因不满仰融作风,早年搭档夏鼎钧把他告到中纪委,但仰融树大根深,除了江湖上偶尔刮起一些风言风语,一切都在他预想的轨迹中运行。

通盘调拨,仰融的目光始终没有从沈阳移开。如今,轿车投产迫在眉睫,设备引进工作紧锣密鼓地进行。6 月末,华晨从德国舒勒公司引进千吨压力机冲压生产线,标志着四大工艺引进全面结束。

更为可喜的是,人才迅速向华晨旗下云集。曾在一汽、上汽工作过的老专家刘炎生放弃退休生活,加入轿车项目中来。宝马向华晨派出数名技术专家,一方面考察华晨实力,一方面调教设备,指导轿车生产。7月,清华大学派遣教员,对轿车厂全体中高级管理人员进行"精益管理方式"培训,随后,工厂正式开工。

把轿车生产交给符世枢、刘炎生等人负责,仰融大可放心,反而是一直盘踞沈阳的一汽令他颇不安心。一山不容二虎,自从进驻沈阳,一汽就一直是仰融的一块心病。多年来,双方争执不断,几多恩怨,厚积成茧。如今中华轿车投入生产,一汽虎视眈眈。日后轿车下线,报批目录须通过金杯汽车批准,作为金杯大股东,一汽定然不会放华晨过关。仰融发话,"这块绊脚石一定要搬掉"。不然,将来与宝马公司的合作也无从谈起。

扫除障碍的办法只有一个:夺回金杯汽车,把一汽赶出沈阳。实际上,早在一年前,仰融便开始暗中布局。

多年来,金杯客车一直是华晨汽车与一汽金杯的主要利润来源。1998年,二者分别从金杯客车分得2.8亿元和2.7亿元利润。作为金杯大股东,一汽一直轻松分享金杯客车经营成果。仰融对此颇有微词,1999年,他利用控股申华的机会,把海狮车的整车销售业务和零部件供应从金杯客车剥离出来,前截后卡,令一汽金杯获利大减。在其他业务全面萎缩的情况下,金杯成为一块鸡肋,迟早会被一汽抛弃。

仰融巧妙的运作令一汽大为头痛。2000年秋天,一汽再难支撑下去,决定从金杯撤股。11月24日,一汽将29.91％金杯法人股,以4.9亿元价格,转让给沈阳市汽车工业资产经营有限公司①。同日,一汽以1.8亿元价格,将另外

---

① 沈阳市汽车工业资产经营有限公司成立于1999年10月,注册资本5亿元人民币,为国有独资的有限责任公司,沈阳市国有资产管理局受托行使该公司的股东权利。

11％法人股转让给沈阳新金杯投资有限公司①。自此,一汽仅持有 4859.06 万股国有法人股,占股 4.45％,基本从金杯退出。

表面看来,此次股权转让只是一汽将金杯归还给沈阳市政府的正常结构调整。但种种迹象表明,这正是仰融精心安排的一次偷梁换柱。两宗交易的背后,都有华晨的身影。除 6.7 亿元的股权收购费用,华晨还承担了一汽金杯 2 亿多元的负债,总计出价 9.43 亿元。之所以采用如此特殊的安排,仰融的说法是,"一汽有要求,不跟我们签署协议"。为满足这个要求,在沈阳市政府的支持下,受托签约的两家公司首先接受华晨贷款,再将股权质押给华晨。

经此一战,华晨最终掌控金杯。半年后,华晨入主金杯汽车,一汽金杯恢复原名沈阳金杯。仰融笑称:"我现在两边都说了算。董事会,说句笑话,其实不用开了。当然,一言堂也不行。"

得知此事,一汽耿耿于怀。耿昭杰甚至向中央领导反映华晨违规操作,一汽很多人站出来,认为一定有"某些非正常手段的运用",主张通过法律程序追究仰融责任。这或许是仰融事业最终败落的另一层原因,但不得不承认,仰融善于利用游戏规则,以少胜多,一汽再强,也无可奈何。

一汽从金杯撤股不久,仰融便派人去沈阳市工商局注册商标,却被告知"中华"已被其他汽车厂家注册使用。

国内市场上,中华香烟、中华牙膏都是名头响亮的大品牌,却从未听说过哪家企业给汽车冠以中华商标。详加追查,仰融发现国内共有两家汽车企业与"中华"相关。一家是北京中华汽车制造有限公司,"中华"二字只用在商号上,产品商标却是宝骑牌,对华晨申请商标并无大碍。另一家企业是抚顺叉车制造

---

① 沈阳新金杯投资有限公司成立于 2000 年 9 月 10 日,注册资本 1 亿元人民币,为国有合资的有限责任公司,由沈阳金圣企业集团有限公司和沈阳汽车工业股权投资有限公司出资设立。

有限公司,以生产蓄电叉车为主,最初产品都叫"东风",后来二汽卡车被中央定名为"东风",叉车厂只得拱手相让,另外注册中华商标,沿用至今。根据工商局规定,凡四轮车辆,都归属一个产品大类,抚顺叉车厂既然已经注册中华商标,除非对方让步,否则华晨轿车只得另觅名号。

在仰融看来,一个拥有 13 亿人口、正在崛起的泱泱大国,居然无力制造一款血统纯正的国产轿车,实在算得上是奇耻大辱。如今,中华车下线在即,仰融决定不惜任何代价,一定要拿下象征意味十足的"中华"商标。

几经辗转,仰融得知这家叉车厂因经营不善,连年亏损,已经到了揭不开锅的地步。他就对抚顺叉车厂总经理仪玉泉说:"我们可以花钱买,你们叉车厂的这个中华商标,可不可以考虑给我们用?"仪玉泉自知"中华"二字在自己手中毫无品牌优势可言,同样是商标,另外换一个,于叉车厂并无妨碍。既然仰融提出购买,不如做个顺水人情。他说:"华晨为了民族汽车工业,要用中华商标,我们叉车厂一分钱不要,你拿去用吧。"

一番话讲下来,仰融颇受感动,问他有什么其他请求。仪玉泉毫不隐瞒,陈述企业困境:"厂里几百号人,光靠叉车撑不下去,能不能给点米,让我们厂有碗饭吃。"仰融当即表示:"把海狮客车那个装维修工具的箱子转给你们厂生产,一年下来差不多有 3000 多万元,交完税还能剩 100 多万,你看行不行?"仪玉泉喜出望外,海狮车是轻客市场的热销货,多少配件厂欲与之合作而不得。如今只需拿出一个商标,不仅能保住全厂生计,还能获得稳定订单。借助金杯客车的力量,叉车厂一定会重振辉煌,因此仪玉泉痛快地把商标转让给华晨。

2000 年 12 月 16 日上午,在高亢的国歌伴奏声中,一黑一白两辆中华轿车从中华轿车厂缓缓驶出,穿过国旗和地球组成的背景,驶上转台。

华晨历时三年打造的中华牌轿车登台亮相,立刻受到热烈瞩目。新华社、《人民日报》等多家媒体全程报道,一位记者在新闻中写道,中华轿车"车身整体美观、大方,车内宽敞舒适",并一再强调其"第一款拥有整车自主知识产权"的特殊性,把中华轿车宣传得人尽皆知。

一时间,仰融成了许多人眼中的英雄。有记者采访江铃汽车董事长孙敏,问他最佩服哪个中国企业家。这位中国汽车界的元老级人物脱口而出,"是仰融"。后来,法国雷诺公司的常务副总裁杜迈考察华晨后,对仰融说:"世界革命从巴黎开始,中国汽车的革命将从你身上开始。"

隆重的下线仪式上,仰融手执导师刘诗白所书"中华第一车"书法,向到场嘉宾大方展示,毫不掩饰称霸中国车坛的野心。

2000 年,中国汽车市场出现井喷。12 月,平均每隔三天就有一个新车型下线,这令仰融振奋不已。聚光灯下,他红光满面,历数华晨造车成就,大胆放言,中华车将在 7 个月后上市。遗憾的是,汽车目录迟迟审批不下来,中华轿车错过理想的上市时机,只能眼睁睁地看着其他品牌占领市场,一步步做大。

这一年,海狮车占据轻客市场 60% 的份额,创下 63 亿元销售纪录,税后利润 18 亿元。在当时汽车界,仅次于上海大众、一汽大众,华晨成为许多人眼中国产汽车的希望。沈阳市政府对这个成绩兴奋不已,专门举办了一个很隆重的仪式,把"荣誉市民"称号授给仰融,希望他再接再厉,为建设"中国底特律"作出贡献。

那天,仰融意外地发现,出席仪式的官员中,少了许多熟悉的面孔。直到两个月后,他才知道,原来沈阳市长慕绥新、常务副市长马向东因贪污腐败被拘捕,此事时称"慕马案",受牵连者达上百人,一时震动极大。令人不解的是,在这个敏感时刻,沈阳市政府最为倚重的仰融却做出了一个令他懊悔终生的决定:南下转移。

他雄心勃勃地把目光转向临海的宁波,准备大干一场,却没有想到,正是这个决定,断送了自己和华晨的大好前程。

第七章 盛极而衰

向大海中撒出一张大网,可能收获丰盛,也可能徒劳一场。

随着中华车下线,为一张"准生证"苦苦挣扎的同时,仰融踌躇满志地编织着华晨大网。打造"五朵金花"、运作罗孚项目、投资杭州湾大桥、参与成立民生信用担保公司,并涉足生物医药、航天科技等领域⋯⋯一个气势磅礴的大华晨呼之欲出。

随着事业达到顶峰,仰融虚荣心急速膨胀,频频出格,终于惹恼了一直静默的辽宁省政府。

于是,中国商业史上一场最为引人瞩目的政商博弈开始了。政府挥出了产权之剑,无形杀阵扑面而来,而仰融甚至没来得及等到中华车上市,便匆忙逃往国外。从此,上海滩再也没有出现过那个桀骜不驯的身影。

1

五朵金花

华晨夺回金杯汽车的一个意外惊喜是,间接成为金杯旗下金杯通用的掌控者。这是一家饱受摧残的合资企业,历经九年磨难不死,终于在华晨门下迎来一线生机。

1991 年,金杯汽车以沈阳汽车制造厂为基础,与美国通用汽车合资组建金杯通用,引进具备 20 世纪 90 年代国际先进水平的 S10 系列轻型载货汽车,主打皮卡车型。当时汽车界合资风行,通用公司看重工业基础深厚的沈阳,把旗下雪佛兰品牌植入金杯通用,令东北汽车界大为振奋。之后多年,这桩合作一直被金杯汽车引以为傲,后来国内上市招股,还被作为主要业绩重点推荐和介绍。

然而,随着第一批 S10 皮卡组装下线,这家合资公司便陷入无休止的亏损漩涡。截至 1995 年末,累计亏损 2.67 亿元。后经多次调整,渐有起色。

1998 年 6 月,在一汽主导下,一汽金杯与通用汽车追加投资至 2.3 亿美元,各占股 50%。1999 年,通用总裁瓦格纳亲临沈阳,推进合作,让沈阳市政府感受到巨大的诚意。一年后,该合资项目被沈阳市确定为"市长一号工程",作为当地合资企业第一个"市长一号工程",备受瞩目。

2000 年冬,中华轿车下线前一天,雪佛兰"开拓者"越野车和 S10 双排座皮卡在金杯通用生产车间双双下线,九年联姻终于瓜熟蒂落。

这是美国通用在上海生产出别克汽车后,再次在中国推出新车,两款车均为通用最畅销的车型。雪佛兰在沈阳落地,令辽宁各界大受鼓舞,省长张国光亲临现场,为这对"双胞胎"剪彩。沈阳市政府更是从中看到了沈阳成为中国汽车生产基地的希望,雀跃不已。当然,新车型的诞生,最大赢家还是金杯汽车。

进入 21 世纪,国内汽车阵营忽然出现了一个炙手可热的细分市场,这个市场对车型的基本要求是:外形强悍、空间宽大、动力充沛、性能卓越,这就是俗称的越野车,也叫多功能运动车。此类汽车虽油耗巨大,但气势威猛,是许多都市新贵的不二之选。

越野车流行之初,市场准备不足,往往是有价无市,许多新车刚一上市便被抢购一空,北京吉普等汽车企业因此大赚一笔。如今"开拓者"下线,一度心灰意冷的金杯汽车仿佛看到了希望,期待着雪佛兰越野车成为海狮客车之后另一个全新的利润增长点。

为尽快加入市场,金杯早早为其建立起销售网络与服务体系,还提前从通用进口多款轿车,在北京、上海等大城市推出试驾活动。经辽宁省政府大力推动,两款新车顺利进入汽车目录,上市日期锁定为 2001 年 5 月。与此同时,金杯开足马力,批量生产,只待上市。

与一切热衷攻城略地的战略家一样,亲自在市场厮杀并非仰融志向所在,他似乎更愿意躲在幕后,体会运筹帷幄的掌控感。

把金杯通用收入囊中之后,看似光明的市场前景已难以引起仰融的兴趣。

就在沈阳各界纷纷庆祝这一盛事时,他坐在办公室中一言不发,这显然不仅是为了准备第二天的中华车下线。那时候,华晨的选择实在太多了,除了宝马公司,英国的罗孚汽车和湖北的三江雷诺都找上门来。与此相比,金杯通用的吸引力无疑大打折扣。

事后看来,仰融不过是把金杯通用视作汽车产业布局中的一次无心插柳,华晨在这个项目上究竟能获得多大利润,取得多少进步,一切尚未可知,仰融或许根本就没指望这些。他的志趣在于谋篇布局,与资本收购一样,把一个个汽车公司揽入麾下,似乎唯有如此才能激发快感。果然,不久后,他便起身前往湖北孝感的三江雷诺汽车有限公司考察。

三江雷诺是法国雷诺汽车在中国的合资企业,中方是中国航天科工集团下属子公司三江集团。这是一家典型的军工企业,曾经生产出“万山”、“江北”两个品牌的越野车,在航天领域内颇有口碑。1994年,雷诺与三江共斥资9800万美元,在湖北孝感组建汽车公司,生产塔菲克牌轻型面包车,合作期限30年。

雷诺项目从一开始就矛盾重重。合资多年,雷诺坚持为法方员工发放数倍于中国员工的薪资,并要求产品采用进口发动机。三江集团试图通过沈阳航天三菱引进发动机,但雷诺汽车找出种种借口,予以干涉,中方以大局为重,只好放弃。单单发动机一项便令成本大涨,塔菲克面包车比同类产品高出5万多元,加之产品质量问题不断,毫无竞争力可言。在高手如云的轻客市场上,塔菲克销量极差,8年多才售出4100余辆。由于需求低,生产线严重开工不足,15万的年产能利用率不足一成,令三江集团大为不满。另一方面,塔菲克的低迷表现使得中方心灰意冷,期待已久的雷诺“风景”项目迟迟难以开启。几年下来,合资企业没有贡献一分钱利润,没有任何出彩表现,三江集团压力巨大,逐渐萌生退意。2000年末,他们背着雷诺公司,私下里开始在国内寻找接盘者,由此,正在谋求产业扩张的仰融进入视野。

早在筹备M1项目时,仰融便开始和航天系统打交道,凭借与沈阳航天三菱的这层关系,在圈子内颇能吃开。从2001年初开始,他多次去湖北考察三江雷诺,并与航天科工高层进行会谈,最终达成共同发展汽车的战略协议。事后看来,这个死气沉沉的企业之所以能引起仰融兴趣,一方面在于空置的15万年产能可以满足华晨急速扩张的需要,借助雷诺的生产线,中兴皮卡业务也将得到提升。但更重要的原因在于,仰融已经意识到辽宁的种种局限,他明白狡兔三窟的道理,既然北方体制落后,限制性因素太多,那么不如全面布控,把立足点分布到政策更为开放的南方省份。

汽车产业事关一省工业发展,湖北省对这桩收购给予足够重视。5月,仰融一行人前往孝感考察即受到隆重接待,湖北省主要官员一一接见,孝感市第一、二把手亲自为其开路,陪同视察。刚刚从辽宁省转任来的湖北省长张国光和仰融可谓老相识,对华晨集团的融资能力心知肚明,他十分希望仰融"扩大投资,将孝感建成一个大规模家用轿车生产基地"。仰融当然不会令人失望,他慷慨地表示,"一定利用好现有的资产和雷诺品牌,扩大投资,尽快重新投产"。

为了顺利进入三江雷诺,2001年初,仰融以珠海华晨的名义与航天科工集团在北京组建航天华晨汽车有限责任公司(简称航天华晨),对开持股。该公司以汽车行业的投资管理、汽车制造、销售及售后服务为主营业务,成立之后的第一件事,就是接手三江集团在三江雷诺55%的股权。

华晨入主三江雷诺是在航天科工和三江集团的大力推动下促成的。然而,三江集团的这一决定,并没有向合资企业三江雷诺董事会申请,也未得到批准,因此合资方雷诺汽车对此一无所知。由于毫无征兆,雷诺对三江集团的单方面退出表示惊讶和不理解,对于突然闯入的华晨汽车采取不合作态度。在此之前,雷诺从没听说过华晨,和所有汽车企业一样,他们搞不清楚华晨到底是在造车还是在投资,更不明白华晨对合资项目的态度,法国人甚至以"不了解"为借口,拒绝与华晨对话。此后将近一年,雷诺始终保持沉默,合资企业几近停产。

尽管如此,华晨入主三江雷诺已成事实。生米做成熟饭,中方控股55%,

由不得法国人做主。5月末,三江雷诺召开董事会,三江集团的 4 名董事被华晨集团和航天华晨的人员所取代。此后很长时间里,华晨为重组三江雷诺进行了大量工作,并派出一部分中层员工介入管理层,终于说服法方,展开合作。

按照仰融的构想,重组后的三江雷诺将全面停产塔菲克面包车,转而生产在欧洲市场大受欢迎的紧凑型多功能商务车"风景"和经济型家庭轿车"甘果"。这样一来,华晨旗下不仅囊括越野车、中档轿车、轻型客车、重型卡车和皮卡,又将增添两个全新的车型。如果宝马项目谈判成功,还将增添儿款高档豪华车,俨然一个门类齐全、覆盖全面的汽车帝国。

为了构建这个庞大的帝国,仰融可谓费尽心机。经营多年,仰融先后投资数十亿元,通过控股、独资等形式,把一家势单力薄的金杯客车厂发展成为囊括整车制造、发动机生产、零部件供销与汽车分销服务在内的庞大汽车集团,被业界公认为仅次于三大汽车的"第四汽"。更让仰融引以为傲的是,这个体系庞杂的汽车帝国,全赖他在资本市场的非凡运作。除中华轿车外,其他七条整车生产线,全部是以收购的方式揽入怀中,以金融手段运作汽车的模式大获成功。

仰融看似杂乱无章的产业运作中,有一条清晰的主线,即以海狮客车为基础、自主轿车为入口,带动各类车型全面发展。这条脉络上点缀着金杯客车、中华轿车、宝马项目、金杯通用与三江雷诺五个清晰的节点,这就是赫赫有名的华晨"五朵金花"。

2

罗孚项目

"五朵金花"是华晨帝国中最广为人知的产业布局,除此之外,外界恐怕很少有人知道,华晨还有"第六朵金花"。实际上,这正是日后仰融引以为傲又后悔不迭的罗孚项目。

罗孚项目始于华晨在发动机上的挫败。仰融绝对不会忘记中华车在清华园展出时,某国家领导人看到发动机上的"三菱"标志那一刻的失望表情,当时他就在心中立下志向:一定要让"中华"轿车配上"中华"发动机。更重要的是,这个曾令他蒙羞的发动机很快被证明徒有其表。

2000年12月,中华车下线,测试中发现,所采用的三菱发动机存在与车型不匹配、动力不足等毛病。为此,仰融多次要求三菱更新技术,提供新型发动机,但均遭拒绝。

当时华晨宝马正在蜜月期,仰融便找到宝马公司,提出把宝马发动机放到中华车里,也被断然拒绝,"我们的发动机比你一辆车的价格还高"。但宝马方面并不想得罪这个中国伙伴,紧接着,他们向仰融推荐了罗孚汽车。

罗孚是一家历史悠久的英国汽车公司,1877 年以生产自行车起家,曾从事摩托车生产与飞机发动机研发,在发动机技术上颇有造诣。1904 年,第一辆罗孚汽车问世,受到热烈追捧。此后多年,罗孚在轿车领域精耕细作,1958 年推出的豪华车 P5 成为达官显贵的最爱,被英国首相与英国女王列为私人用车,罗孚由此名声大振,成为英国汽车界顶尖品牌,一度引领汽车风尚,被视作英伦汽车典范。

20 世纪 60 年代末,罗孚发展成集路虎越野车、迷你小车、罗孚轿车和名爵跑车四大豪华品牌为一身的汽车集团,烜赫一时。然而,物极必反,产业衰落如期而至。英国人刻板顽固,执著于轿车品质,多年来一直采用手工方式,精雕细琢,拒绝引入流水线,进行机械化批量生产。在美国、日本汽车的冲击下,本土汽车工业迅速沦陷,不思进取的罗孚也由此走上被收购的不归路。从 1968 年开始,数十年间,罗孚几度易主,均无力改变衰落的现实。

2000 年 5 月,宝马经营罗孚六年无果,并且爆出天价巨亏,无奈之下,遂肢解这个"英国病人":把罗孚旗下的路虎品牌卖给美国福特公司,以 10 英镑的象征性价格把罗孚和名爵两个品牌转让给英国凤凰风险投资集团,只保留其旗下迷你品牌。

运作罗孚的失败令宝马公司颜面扫地,以 10 英镑的价格出售后,为保证罗孚基本运转,还需倒贴凤凰集团 7.5 亿英镑,三名宝马董事为此引咎辞职。尽管把包袱转嫁给了凤凰集团,但宝马并没有真正从罗孚深渊里脱身。根据协议,在罗孚状况好转之前,宝马公司需持续向凤凰集团支付不菲费用。

宝马选择凤凰集团接手罗孚,实在是一个无奈之举。爆出高达 40 亿美元亏损传闻后,汽车界已无人敢接下这个烫手山芋,因而只能选择风投凤凰集团。

这是一家纯粹的金融企业,毫无汽车经营管理经验,根本不可能扭转局面。

凤凰方面的最初打算,不过是把罗孚汽车视作一个资本交易的玩物,运作几年就脱手,即使无法盈利,有宝马在背后支持,也不会亏损太多。由此看来,宝马将为罗孚负责到底。

不幸的是,宝马很快发现,财大气粗的凤凰集团根本无法让这个"落难贵族"翻身。支离破碎的罗孚犹如一个黑洞,无论投入多少资金,都没有扭亏为盈的迹象。

2001 年,鉴于罗孚汽车资不抵债的现实,凤凰集团终于决定甩手走人,委托普华永道会计师事务所托管,开始在全球范围内寻找潜在买家。然而,宝马在罗孚项目上的惨痛经历令汽车界警醒,普华永道遍访通用、福特、丰田和大众等知名汽车公司,竟无一家有意收购。

罗孚卖不出去,宝马比谁都要着急,只要罗孚在凤凰集团手中一天,宝马就需要继续向其支付巨额费用。

庆幸的是,宝马遇到了仰融。在和华晨谈判过程中,宝马高层意识到,这是一家财务状况极为良好的企业,仰融更是资本运作方面一等一的高手。

这个掌门人似乎永远都不会为钱发愁。对他来说,资金不是问题,唯一重要的是技术、品牌,还有自主知识产权。如今他正在为开发自主发动机苦恼,何不顺水推舟,把发动机技术精湛的罗孚汽车推荐过去。这样的话,一来可以从罗孚困局中解脱,二来也能为这个中国伙伴找到一颗强有力的心脏,对于日后在中国合资生产宝马汽车也是一桩大有裨益的好事,因此宝马决定极力促成这桩合作。

2001 年春,宝马把华晨引荐给凤凰集团。仰融开始与罗孚汽车接触,多次前往英国考察合作。与此同时,普华永道也从中国为罗孚招来另一个潜在买家——吉利。

当时李书福已经为他的汽车争取到一张宝贵的"准生证","豪情"牌汽车可以名正言顺地上市销售,但吉利在制造方面的劣势令他深感忧虑。据一位当时前往吉利汽车厂考察的汽车工程师回忆,位于台州的吉利工厂破旧不堪,"通风不好,管理也不行"。厂长们对道路试验这样的专业问题竟一问三不知。临走时,他对李书福说:"汽车的生命是质量,无论是国有企业还是民营企业。"

李书福是一个有自知之明的企业家,脚踏实地但不会墨守成规,相比仰融,他更知道如何从技术层面解决生产落后的现状。他计划与罗孚合作,改善生产技术,并多次去长桥工厂考察,态度谦卑诚恳,罗孚方面对他也颇有好感,到过吉利好几次。但相比之下,吉利缺少华晨在资金、设备等方面的巨大优势,几轮竞争下来,华晨笑到最后。

最开始,罗孚汽车吸引仰融的地方仅仅在于发动机。汽车圈内,几乎没有人不知道罗孚汽车是发动机方面的行家里手。

早在100年前,罗孚工程师就开发出四缸发动机,第一次世界大战期间,罗孚为英国军队提供摩托车,并研发出平置双缸发动机。第二次世界大战期间,罗孚接过劳斯莱斯停止研究的秘密项目,开始研制军用飞机配备的喷气式发动机,因此积累下丰厚的技术经验,为日后制造高品质汽车奠定基础。

罗孚在英国本土拥有多家发动机研发生产基地,位于伯明翰的长桥工厂最为知名。那里生产的罗孚发动机被安装到名爵跑车与路虎越野车上,性能强劲。品质一流,在世界范围广受好评。

仰融最初的设想只是收购罗孚的发动机部门。在他看来,这个病入膏肓的巨人只有发动机一块属于优质资产。然而,当他前往英国伯明翰考察罗孚生产线后,这个想法很快发生改变。

在长桥工厂,仰融不仅领略到罗孚精湛的发动机生产技艺,还第一次看到久负盛名的罗孚汽车。颇有些一见钟情的意味,他很快被罗孚轿车的别致外形所吸引。眼前的罗孚轿车气质沉稳,品格高贵,又不失含蓄内敛,相比他一直引以为傲的中华轿车,更像是一件件经过千锤百炼的艺术佳品。

被宝马剥离之后,罗孚公司只剩下罗孚轿车和名爵跑车两个品牌,主打产品是罗孚 25、45、75 系列轿车和 MG 系列跑车。仰融当时对跑车兴趣不大，主要心思还是在轿车制造方面。他了解到，罗孚三大系列轿车都是宝马掌控时期的产品，带有鲜明的宝马痕迹，其中 25 系列是两厢车，45、75 均为三厢中级轿车，定位中高端商务市场，颇为叫座。

仰融认为，随着国内经济迅速发展，中高档轿车将是未来中国汽车市场的主流。由于高档轿车上手极难，中级轿车则成为入门汽车企业建立品牌知名度的主打产品。当年之所以把中华轿车定位为三厢轿车，也是基于这个考虑。然而，时隔多日，中华车迟迟未能上市，其他同类车型早已抢得市场先机，华晨先发未至，仰融异常着急。

看到罗孚系列轿车后，仰融这个心结终于解开，罗孚轿车外形与内质皆佳，抛开经营管理因素，产品成熟稳重，堪称一流，且拥有完整知识产权，无疑是急于在国内塑造自主品牌的华晨最快捷有效的选择。

在宝马公司和凤凰集团看来，罗孚与华晨合作将是一桩十分美满的联姻。罗孚拥有华晨急缺的技术、品牌和发动机，而华晨拥有罗孚急需的丰厚资金和融资能力。因此，宝马和凤凰以介绍人的角色，极力撮合，二者很快走到一起。

2001 年下半年，华晨开始与罗孚进行暗中谈判。

高傲的英国人似乎还未真正见识过这个中国企业的实力，一开始便贵族派头十足，提出苛刻条件，企图主导谈判进程：未来在中国市场销售的轿车打罗孚商标，而非中华，每辆车收取 200 美元商标费。理由是，"合资品牌在中国更受偏爱，使用外国牌子，车的价格能卖得更高"。

仰融态度强硬，直接拒绝："中国的销售绝对不会用罗孚的牌子，这笔钱你们肯定是赚不到。"随后，他提出一个合作方案：双方合资建厂，华晨以土地、厂房投入，占股 51%，罗孚投入产品、技术和设备，持股 49%；罗孚品牌所有产品都搬到中国生产，在中国销售价格不得高于欧洲；罗孚支持华晨完成发动机换代升级，发动机上打中华商标；华晨享用罗孚零部件供货体系，不得附加任何费用。

产品命名方面,他显示出少有的大度,"保持罗孚英国研发中心和欧洲销售体系的存在,每年在中国生产的产品中,出口欧洲的用罗孚品牌,在中国和亚太地区销售的用中华品牌"。

另外,仰融提出,华晨支付给罗孚 1.9 亿英镑,用于生产线搬迁和员工安置,以及设计新款罗孚 45 轿车,作为中华第三代产品。多年后,他向记者解释:"在沈阳生产的'中华'是中华第一代,宁波生产的罗孚是第二代,罗孚新 45 则是中华第三代。"

仰融计划精密,环环相扣,试图把这个百年老店置换到中华品牌之下,为己所用。然而,这个用心很快被罗孚所发现。

听完这些合作条件,英国人简直不敢相信自己的耳朵。在汽车界摸爬滚打多年,对于仰融提出的合作模式,他们闻所未闻,感到震惊的同时并且表示难以接受。

为了打消罗孚疑虑,仰融三顾罗孚,反复描述合资共赢局面。鉴于巨大亏空,无人敢于接盘,罗孚自感回天乏术,在巨额援助及市场前景的诱惑下最终妥协。

双方达成协议:华晨投资 18 亿美元,在中国生产罗孚 25、45 系列轿车。为表合作诚意,正式协议签署前,华晨向罗孚一次性支付 2200 万英镑技术转让费用。罗孚对此大为感动,随即赠送华晨数辆罗孚轿车,供华晨高层乘坐,并且把车标换成中华标志。

以历史的眼光看来,华晨与罗孚合资无疑是一个振奋人心的大项目。表面上看,这只是一桩平等合作,但只要稍微了解协议框架就会发现,合作自始至终都在按照华晨的思路进行着。

仰融以资金为诱饵,恩威并施,最终把这个百年品牌收入囊中。在英国人眼里,华晨俨然是一个出手大方的拯救者。为答谢救火之情,罗孚主动接受合作,甚至自降一级,向华晨频频示好。人们惊讶地发现,这是中国企业第一次在和外国企业交锋中体会到优越感。华晨以整合者的角色走向国际主流商业舞台,表现出中国企业少有的强势,暗示着一个全新时代的开始。多年后,虽然中国企业在外资收购方面大放异彩,一大批民族品牌风光无限,但这次合作仍令无数人难以忘怀。

华晨与罗孚的谈判一直在秘密状态下进行,不仅沈阳市政府不知情,恐怕除了吉利李书福,中国汽车界再无第二人知道此事。英国人发扬了信守承诺的光荣传统,一方面严守秘密,一方面积极配合,合作进展之神速超乎想象。一切都按照仰融的设想进行,可以预见,这将会成为中国商业史上最荡气回肠的一笔。然而,这个雄姿英发的掌舵者在关键时刻犯了一个致命错误,一切前功尽弃,前程尽毁。

所有协议签署之后,仰融去了几次宁波,似乎有意把罗孚项目放在这个靠近大海的城市。那里紧邻得风气之先的上海,理念先进,人才济济。与沈阳相比具有地理优势,同时宁波所在的长三角经济圈,占据国内汽车配件市场七成的份额,这将极大降低采购成本。另外,作为全国最好的深水大港,宁波航运发达,引进大宗设备与产品出口极为方便。综合比较,宁波似乎是一个较为合理的选择。

宁波市政府也希望罗孚项目在本土落户。招商引资历来是政府官员的一个政绩指标,为引进大项目、大企业,地方政府往往愿意作出极大让步。

当时宁波经济势头良好,唯独重工业发展乏力。为吸引华晨,宁波市政府一次性批地3000亩,出让价仅一亩5万,并许诺一旦罗孚项目落户,买地、建厂可以先使用后支付,此外还将专门为罗孚项目投资修建滚装船码头。更令仰融心动的是,他被浙江方面特许参与拟建中的杭州湾跨海大桥项目。该项目投资巨大,前期至少需要100亿元,但回报惊人,据说建成后每天的收入预计将超过1000万元。

诱惑之下，仰融开始频繁与宁波市政府接触，期待着罗孚项目绽放出耀眼的金花。在仰融的产业布局中，宁波是至关重要的一子，依托现有零部件企业与罗孚项目，宁波将成为华晨汽车版图中零部件采购基地和轿车主要生产地。与此相比，沈阳略显尴尬，只是作为客车基地辅助性存在。为实现这一规划，从2001年下半年开始，仰融进行了多项安排。

仰融首先以华晨控股旗下一子公司名义，和金杯客车共出资 10 亿元，注册宁波正通汽车工业投资有限公司，以此为平台与罗孚展开合作。同时以华晨集团名义注册沈阳正通汽车投资公司，曲线介入中华轿车项目。在此前后，仰融还特地在宁波注册了一家建筑企业，欲染指杭州湾跨海大桥上海至宁波段。

仰融对上述部署颇为得意，在他看来，"沈阳金杯投资 5 亿参与罗孚项目，日后必将能够得到数倍的投资收益；杭州湾大桥建成，将极大解决上海至宁波交通堵塞问题，只赚不赔，今后每年至少有 20 亿元的净收益，未来几十年都不用为资金发愁，在汽车产业陷入低谷时还是很好的资金输血源头。"

但是站在辽宁省和沈阳市的立场来看，仰融这样做恰恰违背了政府当初借华晨发展沈阳汽车工业的初衷。

自从金杯客车起死回生，沈阳便被披上"中国底特律"的梦想外衣。辽宁省政府不惜举全省之力，欲将沈阳打造成东北第二个汽车基地，与长春抗衡。后来，汽车产业被辽宁省列为重点发展行业，并声称要在全国汽车产业格局中雄起，这任务理所当然地落到了沈阳头上。

沈阳市政府则把此重任转嫁给了金杯。有一次，领导去金杯汽车视察，当场即表态说："沈阳市的政策、资金、土地都要向汽车行业倾斜，要调动一切可调动的资源，使用一切可使用的手段，集中全力扶持汽车产业的发展。"

沈阳市虽有众多国有企业，但大多经营不善，下岗工人数量庞大。无论是从地方利益，还是产业发展角度考虑，辽宁省政府都希望华晨把所有资产和项目放到沈阳。通过发展沈阳的汽车工业，带动周边丹东、大连、锦州等城市的零配件行业,从而振兴老工业基地。

基于这样的考虑,辽宁方面一直对华晨有求必应,几乎到了言听计从的地步。但随着华晨迅速扩张壮大,仰融变得越发狂妄。表面上仍旧谦虚谨慎,口口声声说"华晨是国家的",背地里却在暗度陈仓,独断专行,不接受政府建议,不服从汽车工业规划,还以资本运作为名,屡屡掏空金杯汽车。

罗孚项目落户宁波,投资跨海大桥,所需资金几乎全部出自金杯客车,而这显然是明目张胆的背叛,令辽宁方面大为光火。时值"慕马案"案发,沈阳爆发政坛大地震,政商两界风声鹤唳。紧要关头,仰融竟转移阵地,令人生疑。在很多官员看来,他其实是想"趁乱溜走"。

辽宁方面并不想就此放走仰融,拉锯战式的谈判就此开始。政府提出,如果华晨认为沈阳交通不便,可以把罗孚项目放到大连,政策优惠并不比宁波差多少。为了留住项目,辽宁省政府主要负责人还拿出一个极为详细的"大连方案"。

仰融毫不领情,他坚持在宁波建厂,强调沈阳只是华晨的客车基地,这显然无法令辽宁方面满意。就这样,矛盾越积越深,潜伏滋长,一触即发。

3

登顶华晨系

仰融自有他强硬的理由。2001年,华晨披荆斩棘,把触角伸向汽车之外的金融、电子商务与生物医药等广大领域,如同一只张牙舞爪的章鱼,大华晨呼之欲出。

根据仰融的形容,大华晨的轮廓是,在一家金融控股公司之下设立汽车、金融、基础建设三大板块。2001年,就在汽车板块迅速推进时,仰融主动出击,在金融和基础建设两个领域长袖善舞。

仰融的第一步棋是参股广东发展银行。

在很多人看来,华晨系横跨汽车、金融两界,依靠资本运作和汽车销售,资金充裕,衣食无忧。但有一个隐患令仰融不安,资本市场上所有运作都是建立在金杯客车一个盈利点上。随着海狮车产销停滞不前,中华车迟迟未能上市,汽车业绩不升反降,实在难以支撑偌大一个华晨。

仰融看得清楚,汽车是个营收周期极为漫长的行业,实现盈利前需要持续不断地投入。他希望打造一个稳定的收入体系,反哺汽车产业,参与杭州湾跨海大桥和参股广发行就是基于这个心理。

3月,仰融辗转得知广东发展银行增资扩股的消息。这是国内第一家股份制商业银行,坐落于广东省广州市,规模不大但意识超前,国内第一张真正意义上的信用卡便是出自其手。如今因业务发展需要,增发股份,以每股1.2元的溢价向社会公开募集资金。据称,其每年分红率在6%以上。

仰融意识到,借助广发行的力量,不仅能获得持续稳定的现金收益,同时也为他在体制内行走带来极大方便。因此他以华晨集团和金杯汽车的名义,各出资4.1亿元,认购其3.43亿股股票,持股19.6%。

为发展下游业务,仰融拉来沈阳新金杯投资有限公司和中国光彩事业促进会,与华晨集团和金杯汽车联袂,一同设立民生投资信用担保有限公司。华晨与金杯分别出资4.4亿元,各占股44%。

民生投资公司主营业务是资产重组、投资担保、项目投资等,表面上看是一家提供投资和担保服务的金融机构,实际上却是仰融运作资本魔方的躯壳。成立后不久,民生投资公司便取得珠海华晨所持君安投资90%的股份,间接成为华晨集团大股东。

完成金融扩张后,仰融又盯上了利润丰厚的医药行业。

20世纪90年代中期,国内医药经济发展迅猛,以不低于15%的年增长率递升,成为最引人注目的一个新兴行业。实际上,早在1994年,仰融便对医药行业产生兴趣,但由于种种限制,一直未能如愿,从而错过了一段极其珍贵的时间。如今华晨系已经迅速壮大,他决定转身回头,把这节功课补上。

医药领域素来强手如云,华晨要涉足进来,除非有特殊机缘,否则一切从零开始,一步步发展,劳神费力,得不偿失。

幸运的是,仰融得到了这个机会,他发现了一家陷入泥潭的老牌医药企业——上海中西药业股份有限公司。这是一家有百年历史的老店，前身是上海滩久负盛名的中西大药房，作为国内第一家中西药销售企业，一度风光无限，被视为代表上海实力的金字招牌。然而就在 1993 年登陆股市后，命运陡然转换。7 年间，中西药业数次重组，发展缓慢，2001 年更是被卷进"中科系"漩涡，无力自拔。

2001 年，中国股市上演大跳水。中科创业、大连国际、银广夏等一大批声名显赫的庄股纷纷倒下，令人触目惊心。落叶知秋，这一现象暗示着金融监管寒冬的到来。作为第一块被推倒的多米诺骨牌，中科创业爆出惊天丑闻，庄家吕梁神秘失踪，多名董事辞职。受此牵连，"中科系"鲁银投资、岁宝热电、中西药业连续跌停。

在许多场合，仰融与吕梁经常被一同提及，二人发家史一样扑朔迷离，日后的下场同样凄惨不堪。不过至少在 2001 年，仰融比吕梁幸运许多，他顺利地躲过了股市寒冬，还以赢家的姿态来接纳吕梁留下的中西药业那个烂摊子。

吕梁是在一年前的 7 月间接掌控中西药业的，当时他大张旗鼓地引进癌症治疗仪器，还围绕中西药业构建起一个极具创新意识的中国电子商务联合网，准备在医疗领域大展宏图。不幸的是，这一切仅仅开了个头，便分崩离析。

"中科系"事发后，银行纷纷上门讨债。中西药业借债无门，大有破产倒闭之兆。就在人心惶惶之际，华晨神兵天降。

外界看来，中西药业负债高，营收低，产业结构不合理，根本就是不良资产。仰融却不这么认为，中西药业之所以如此困顿，只因经营管理不善，但其生产销售体系良好，而且刚起步的生物医药也将大有前途。

另一方面，中西药业大股东上海医药集团也希望有人接管，实现国有资产保值增值。于是，华晨集团以 1.07 亿元的价格，从上海医药集团手中接过26.41% 中西药业股份，成为中西药业大股东。当时，中科事件谜案重重，有关部门并未批准此次交易，仰融只能不断签署协议，以托管的方式控股中西药业。

　　为走出"中科系"阴影,华晨决定对中西药业进行整顿改革。鉴于集团内缺乏精通医药经营的管理人才,仰融向一个叫宋世鹏的朋友发出邀请。

　　此人是医药行业的名人,在医疗科技方面颇有造诣,曾研制出国内第一台旋转式伽玛刀,创办国内首家综合性民营医院,并于2000年组建了囊括大型医疗设备生产、投资、服务以及连锁式肿瘤治疗的综合性投资企业——深圳海斯泰投资有限公司。

　　仰融与宋世鹏的合作颇具戏剧色彩。两年前,宋世鹏筹备海斯泰,急需资金注入,经一位香港朋友介绍,与仰融相识,约在上海见面。

　　仰融一见面就说,"我看了你许多资料,希望能与你合作"。当时仰融名声正旺,宋世鹏心想,这么一个人物,一见面就要合作,觉得不可思议,问他:"你了解我吗?"仰融说:"我应该了解你。"然而,项目评估时却遭到华晨董事会否决。宋世鹏认为,这是"完全不懂的评价专家",合作就此搁置。

　　2001年夏天,仰融与宋世鹏再次坐到一起。

　　仰融希望宋世鹏能过来帮他管理中西药业,并且直率地说:"我找了很多人了解你,正面评价的可不多,十个人有七个人不肯定你。恰恰是这种情况,我决定跟你合作。我主要看反对你的人的理由是什么,其中一个非常重要的原因,说得最多的,老宋是一个初中毕业的人,他不可能发明这么多的东西。我对他们讲,爱迪生等发明家不就是中学生、小学生吗?这说明不了什么东西。我缺的就是这样的人。"

　　看到宋世鹏犹豫不决,仰融接着说:"我用一个上市公司,再追加投资1个亿赌你老宋这个人。"宋世鹏大受感动,当即对他说:"仰总,你这次绝不会赌输。"仰融说:"我从来没有赌输过。"

　　合作就此开始。仰融问:"三年能否翻身?""不用三年,只用两年。"宋世鹏信誓旦旦,他心里有底,"顺利的话一年就能翻身。"

　　接下来,仰融继续操纵他那令人眼花缭乱的资本大戏。

11 月 29 日,民生投资公司出资 4.9 亿元,华晨汽车下属一全资子公司出资 4.8 亿元,在上海注册成立中国正通控股有限公司,仰融任法人代表。随后,正通控股、宁波正运实业有限公司以及金杯汽车工业有限公司,受让民生投资公司与沈阳新金杯在君安投资的全部股份,各占股 50％、25％和 15％,同时,上海华晨实业也向金杯工业出让 10％的股权,而君安投资更名为正国投资发展有限公司。

仰融似乎有意模糊自己的存在。不久,他掌管的正通控股向正运实业出让所持的 50％股权,正运实业取得正国投资 75％股权,成为正国投资大股东,间接控股华晨集团。经过这次调整,有基金会背景的珠海华晨,以及背景复杂的上海华晨悄然隐退,正运实业成为华晨集团的新东家。

无可否认,仰融在资本运作上是成功的。频频收购、迅速重组不失为资本扩张的快捷通道。遗憾的是,他的手法过于花哨,难免令人心有疑惑。控股华晨集团的正运实业、充满壳公司色彩的正通控股,以及刚刚更名的正国投资,都有一个"正"字打头,三家企业与仰融有着千丝万缕的联系,正运实业背后更是有其兄长仰翱的身影。有人据此推测,仰融想借此脱离华晨系,另组"正"字系。

仰融还有更大的梦想。这个梦想来自于他在意大利的考察。菲亚特公司统率意大利汽车工业,有上百个车型。仰融去了之后发现相当多的车种都是菲亚特之外的小厂在生产,最后由菲亚特验收合格后贴牌。这些小厂最大的年产 5 万台,最小的年产 3000 台。有的小厂已有六七十年的历史,走进去地板嘎吱嘎吱响,仰融大感"不可思议"。

他进而联想到国内 100 多家半死不活的小汽车厂,"我能否整合若干家有三大工艺或四大工艺的小汽车厂加盟本集团?我自己做主流产品,而已经下线的模具和车种也需要有一个逐渐被市场消化的过程,后者就可以给这些小厂做。现在所有的硬件厂商都有人做代工,偏偏汽车行业还没有。"

仰融认为这个梦想的实现几乎没有任何障碍,重点在于自己能否在五年内开发出 10 个以上产品。"我正在实施这个计划,一旦成功,现在所有的汽车资产的库存都能够发光发热,我可以为中国汽车工业的伟大复兴提供当今政府没有创造过的条件!"仰融以他惯有的煽动性语言、不容怀疑的口气如是说。

事业一步步走向高峰,仰融踌躇满志。后来,他又在企业内推行职工购股,"到 2010 年销售 100 万辆汽车,有 200 亿利润。如果职工股权占 25%,按市盈率 20 倍算的话,职工股权就有 1000 亿市值!两亿资本金翻到 1000 亿市值,这不是神话!2010 年我要在华晨培养 100 个亿万富翁、1000 个百万富翁,我如果做不到这一点,我 2010 年前就下台!"

随着仰融不断地谋篇布局,华晨系很快陷入疯狂扩张的怪圈。收购中西药业不久,仰融又看上了航天科技和电子商务,准备和相关部门合作,研制航天飞行器。这让一部分股东感到不可思议,难以理解,有人私底下开始抱怨"看不清未来"。

事业的壮大极大地刺激了仰融的私欲,他已经停不下脚步。作为华晨第三大股东,他一再表示要增持股份,成为第一大股东,似乎要把企业变成个人财产。而且,这种想法很快得到外界的鼓励。

2001 年即将结束的时候,仰融以 70 亿元身价登上"福布斯中国富豪榜"探花的宝座。大华晨旗下六家上市公司,控制资产 300 亿元,可谓风光无限。此刻的仰融,还不敢自诩成功。"在退休前,我身上没有成功的句号。只有当我退休那天,有个完整的企业,有个盛大的招待会,我健健康康的,而不是老态龙钟地退休,我才是成功的。"

仰融终于迎来事业的巅峰。申华大厦 26 楼,透过落地长窗,东方明珠、和平饭店、金茂大厦错落有致,黄浦江日夜向东奔流。望着滚滚江水,仰融说:"华晨迄今未发生重大失误,我们有信心过一条河,破一次舟。"

4

决　裂

进入 2002 年，一向低调的仰融忽然变得炙手可热。出现在各类媒体前的他容光焕发，高谈阔论，以一副胜利者的姿态不厌其烦地炫耀华晨帝国，仿佛那全是他的私人财产。

仰融的异常高调令辽宁方面极为不安。在许多官员眼中，他之所以一反常态、如此张扬，一定是想为即将成行的罗孚项目制造声势，令政府屈从舆论压力。为避免事态进一步恶化，辽宁省和沈阳市试图与仰融沟通，希望华晨回头。但仰融忙于部署汽车"棋局"，行踪飘忽，难觅身影。

从年初开始，仰融频繁出入国门，奔走于罗孚、宝马等企业之间，他似乎已经预感到要有事发生，既然无法改变，不如积极备战。

2002 年 1 月 6 日，华晨与英国伦敦出租车国际公司签署技术转让协议，以270 万英镑获得闻名世界的"黑色出租车"为期 20 年的国内生产销售许可权。

两天后,金杯汽车以 8.2 亿元人民币高价从华晨汽车手中买下中华轿车和另一款多功能用车的零部件开发与生产技术,借此仰融大笔套现。

随后两个月,合资项目捷报频传。法国雷诺表示,第二季度将与华晨合资生产轻型面包车"甘果";宝马公司决定在华投产 3 系和 5 系轿车,并向国务院有关部门递交合作报告,等待审批;宁波 3000 亩建设用地征用完毕,只待工程上马。

项目纷至沓来,如同一道道难题,一起涌到沈阳市政府面前。

所有这些项目,都涉及数亿元甚至数十亿元投资,既有对沈阳有利的宝马项目,也有令辽宁不快的罗孚项目,一时间令政府进退两难。如果拿仰融开刀,宝马项目必定泡汤;如果同意他在宁波建厂,又不甘心。唯一的办法是谈判,可仰融神龙见首不见尾,人都见不着,谈判更是无从谈起。

对此情形,中西药业的宋世鹏记忆深刻。那段时间,为整顿企业,他曾找过仰融几次,都没见到本人,电话也打不通。直到 3 月初,才在申华大厦六楼的餐厅见到他,当时他正在接待一批客人,还来不及细说,就又匆匆分别。

宋世鹏隐约感觉不妙,果然,辽宁方面与仰融的矛盾随后便爆发了。

3 月 11 日,华晨和辽宁方面同时动手。仰融在上海宣布,在上交所上市的华晨集团正式更名为上海申华控股股份有限公司,股票简称由华晨集团变更为申华控股,经营范围主要是汽车销售与实业投资。

申华控股最终控制人是一个叫秦荣华①的台湾商人。据说他与仰融关系非同一般,是仰融安排在前台的一个重要角色,名义上掌管公司,幕后掌权者却

---

① 秦荣华,正运实业法人代表。正运实业拥有申华控股第一大股东正国投资 75% 股权,在宁波开发区注册,注册资本 7500 万元人民币。有两大股东,宁波升荣机械有限公司和宁波国雅汽车零部件有限公司。其中升荣机械为台商独资企业,出资人就是秦荣华,持股 100%,国雅公司股东为秦荣华和台湾敏孚。而台湾敏孚正是秦荣华一手创办的汽车零部件企业。

是仰融。当时为顺利更名,秦荣华被仰融成功地隐藏起来。直到 2002 年 6 月初,在监管机构的信息披露压力下,申华控股才向外界公开这一神秘人物。

更名后不久,仰融通过二级市场,大张旗鼓地增持申华控股股票,并扬言取代瞿建国,成为申华控股的第一大个人股东。

"仰融常用的手法是,在境外以很少的注册资金成立一家公司,也不增资。然后进来大规模的钱,大规模的钱再以注册公司的名义出去,进入另一家公司,再出去,再进入另一家公司。"官员们已经摸透了仰融的运作模式,但始终无法找到申华背后的实际控股人。

政府方面认为,"仰融把钱在来回倒手的过程中,最终倒到他私人控制的公司里,这样就造成了国有资产的流失"。当天,财政部企业司下发公函,将华晨及其派生的所有公司,以及所有债务,一次性划给辽宁省政府,要求"抓紧时间审计,以防国有资产流失"。

仰融继续以不妥协的态度对抗。3 月 21 日,在他授意下,华晨汽车在英国伯明翰发布与罗孚合资的新闻。消息称,双方已签署战略联盟,将进行小型轿车开发、发动机供应与联合制造,并计划在宁波制造罗孚 25 系轿车。随后,华晨向宁波市政府支付 1 亿元,用于购买建设用地,并向罗孚支付 2200 万英镑技术转让费。

仰融强势上马罗孚项目,终于彻底激怒了辽宁省政府。

辽宁省政府有关负责人表示,"仰融在主持华晨期间,在企业下面又衍生出很多企业,使华晨架构变得非常复杂。辽宁省有必要对此进行梳理"。3 月 28 日,由辽宁省副省长牵头的工作小组进驻华晨,开始清查接收华晨资产。

事后看来,仰融的确低估了政府的决心。他之所以敢公开对抗,除了自信心极度膨胀,主要是认准辽宁方面只是虚张声势,并不敢真拿华晨开刀。

仰融和辽宁方面打了多年交道,对当地官员的行事风格了如指掌。在他看来,政府不过想吓唬一下他,按照以往经验,只要自己足够强硬,碍于华晨在辽宁的地位，宁波项目一定能够上马。然而，这次仰融错了，他做梦也想不到辽宁方面抓住了他的软肋：产权问题。

实际上，仰融一直为华晨产权耿耿于怀。当年为了海外上市方便，凭空制造了一个基金会。后来上市归来，也曾讲过"全是国家的"之类的话。那时候，他的想法很简单，就是复制无数个华晨到国外上市，为国家赢得声誉。后来这条路行不通，只能回到汽车路线上，随着企业不断做大，他开始意识到产权的重要性。

两年前，仰融与一个姓黄的上海官员在金茂大厦 88 楼吃饭。那个官员说，华晨这个资产我们研究过，是不干净的，早晚得出事儿。还给他举例，上海市黄浦区有一位老人 70 多岁了，以前是高级工程师，退休后办工厂，挂在街道办事处下面，结果做成二三十亿的企业。几次报告给市里，要求明晰产权。"市政府只敢批 1000 多万元资产，20 多个亿净资产哪怕给这个企业家 10% 就有 2 亿多，谁敢签这个字？"黄某说："华晨已经大到没有人敢签这个字了。"仰融当时正是春风得意，被政府奉为座上宾，认为政府不会动他，说："如果我没有成功，最差的结果就是把我打回原点而已。"

后来，沈阳爆发"慕马案"，仰融根基受到动摇，与辽宁的关系大不如前。当时华晨下属有个兴远东零部件公司，负责金杯客车零部件采购，从外省采购后卖给金杯客车，被许多人认为是"搂钱的机器"。新领导班子找仰融谈话，希望零部件从沈阳挑选，"销售权也应该从申华拿回来"。这令仰融颇不高兴，在他看来，华晨的确是该撤走了。

那年秋天，华晨高层在宁波学习"三个代表"，极少坦露心迹的仰融突然提及出身问题，说："华晨的出身不好，很多事都说不清楚。"随后接受记者采访时，明确表示："企业不能长期这样股权结构含混不清，历史问题一定要有所了结，从而奠定这个企业未来竞争力的基础。而且这帮管理层跟了我 10年，我应该对他们有所交代，我天天为股民考虑，为什么我不能为我的管理者考虑？"

那时候,他其实已经有了一个通盘计划。首先设计一个资本迷宫,把华晨旗下企业全部套弄进来,彼此参股,互相关联,把原本清晰的纹理关系弄得盘根错节。目的只有一个,混淆视听,让人无从分辨。

布置停当,华晨集团更名为申华控股,归属正国投资门下,一个产权清晰的新华晨焕然新生。期间出现的君安投资、珠海华晨、上海华晨等企业,均是为行走方便成立的壳公司,而罗孚项目则是最大的一个"壳",只待时机成熟,离开辽宁,在宁波换壳重生。

最后解决棘手的基金会问题。据说仰融曾几次找到相关方面洽谈,认为基金会有名无实。"原始股本上,国家没有给一分钱,基金会没有给一分钱,任何部门也没有给我一分钱,任何时候都没有国家给我一分钱的凭据。具体管理上,基金会不管,国资局不管,辽宁省、上海市政府也不管,没有人管。也正是因为这样,公司才会发展。如果这个公司真的是国有投资,管理人员轮流换,那华晨早就完了!"因此,国有资产在华晨所占的股份不能超过 30％。

事后看来,肯定是这些动作引起了政府的警惕。就在罗孚项目即将成形之际,政府痛下狠手,挥出产权杀威棒。辽宁方面认为,华晨属于国有资产,板上钉钉,无须争辩。有关官员甚至援引国务院国有资产监督管理委员会制定的相关法规说:一切以国家名义的投资及由投资派生出的所有资产,都是国有资产。不久,政府对金杯汽车董事层进行改选,三位华晨董事全部辞职,新当选董事均由沈阳市政府指派。

产权问题如同一记闷棍,令仰融从痴心妄想中突然惊醒。

4 月,他专程拜谒辽宁省政府有关领导,希望和平处理此事。其实辽宁方面并不想把华晨逼到绝路,如今双方能够重新坐到谈判桌旁,大家都期待事情发生转机。

遗憾的是,仰融狮子大开口,以罗孚项目为要挟,提出得到华晨控股权。辽宁省政府认为他"太急","胃口也太大",只同意最多分配 30％的股份,这显然无法令仰融满足。他单方面退出谈判,随后全面改组申华控股董事会,把幕后的正国投资推向前台,并声称要上马罗孚项目。

裂缝无法弥合,一切不可避免地坠落深渊。仰融很快将意识到,这是一个多么仓促而失误的决策。

5

称　病

社会上关于仰融被查的消息传得沸沸扬扬,风声一日紧过一日,他开始感到莫名的不安。

4月末,仰融携带家人、心腹数人,从上海浦东机场起飞,转道山西太原,前往五台山祈福。仰融本是信佛之人,法号一鸣。据说他每日黎明即起,打坐诵经,夜归焚香拜佛,数十年不改。适逢华晨产权易位,前途晦明不定,他心绪不宁,此去正为排遣胸臆,问卜前程。

五台山上,晨钟暮鼓,佛迹沉沉,置身其间,宁静而致远。

次日凌晨4时,忽降倾盆大雨,仰融沐浴更衣,进十方堂做法事。十方堂又称广仁寺,泛指天地广阔,收纳胸襟,供奉200余尊文殊菩萨铜像,藏经千卷,为参拜祈愿之地。

法事完毕,雨停风住,仰融心情大好。看到庙内山门破败,设施陈旧,对住持说:"两个山门破破烂烂,应该修一修,还要建一个像样的洗手间。"随后便留下 20 万元下山去了。

据说当日仰融拾阶而下时,一位白须老道大步向前,一把拉住他的手,念了一句"先生有缘,你跟我来"。道士把他领进一个角落,劈头就说:"你有一难关要过,我为你算上一命,以求逢凶化吉,时来运转。"

仰融大吃一惊,与辽宁几个月的磕磕绊绊,就是一个难关,正百思不得其解,马上问:"依你之见,若遇劫难,怎么个解法?"老道沉默良久,说,"如何破劫,抽上一签,一看便知。"仰融随意从签筒抽出一支,给老道看,上面写着"三皇大吉,天下第一签",是一支上上签,意味着转机、运气和天意。为表真实,道士把其他签一一展开,无一不是恶签。

仰融暗喜,欢心离开。五台山之行圆满结束。

半个多月后,仰融带领叶骏等人赶往北京,参加中国发展研究基金会在港澳中心举行的年会。这个机构属于民政部,主要进行课题研究和学术交流,学术界、经济界中一些比较重要的人物也经常会出席。仰融曾以华晨名义资助,被选为理事。

如今华晨处在风口浪尖上,他仍高调出现,谈笑自若,似乎在维持一种体面,也是在暗示自己的决心。

按照计划,年会晚宴之后,仰融将于当晚乘飞机前往沈阳,参加第二天下午辽宁省人民政府召开的接受华晨集团国有资产工作会议。

下午 6 时,宴会开始,仰融和一帮官员学者有说有笑,觥筹交错。酒过三巡,仰融忽然感觉手机频频振动,起身至僻静处接听。坊间传言,这个来电者是一个极为秘密的线人,据说是他告诉仰融,第二天的沈阳会议其实是一个陷阱,辽宁方面决定采取强制措施,已经布置妥当,只等他自投罗网。

听闻此言,仰融惊出一身冷汗,当即决定改换行程。但他毕竟老练,不露声色地转身回场。一直等到宴会结束,才匆匆赶赴机场,当夜乘坐飞机返回上海家中。

第二天下午，辽宁省人民政府会议室，华晨集团资产接收工作会议如期召开。辽宁方面有关领导悉数到场，华晨方面则只派出一个名叫李正山的代表。此人是仰融秘书，一年前才投奔过来，对华晨根底并无多少了解，关键问题上更是一问三不知。

看到主角缺席，辽宁方面大失所望。几经打听，才得知仰融已经在上海生病入院。

参加会议是仰融亲口答应的事情，如今居然出尔反尔，以生病为由，临阵脱逃，而且并没有提前知会，难免令人起疑。沈阳方面更是认为，他这是借口生病，逃避责任。

仰融似乎真的病倒了，而且病得不轻。据说他住进上海瑞金医院9号楼贵宾病房，服药、吸氧、输液，接受紧急治疗。甚至传出仰融托二哥到西藏请来一个喇嘛，在上海西郊做法事的消息。

辽宁官员们并不这样认为。在他们看来，仰融善于玩弄花招，如今为掩人耳目，一定又是在故弄玄虚。而且手法并不高明，甚至到了黔驴技穷的地步，竟然使出这样的手段。

官员们决定戳穿这个所谓的把戏，于是，接收工作负责人朱学东被派往上海"探病"。

5月底，朱学东来到瑞金医院，他并未直接去仰融的病房，而是找来主治医师和护士长，详细了解仰融的病情。随后，朱学东推开了仰融的房门，看到这个曾经呼风唤雨的人物虚弱地躺在病床上，全身连接着各种针管仪器，一脸病容。

朱学东因身负重任，所以开门见山地指出，华晨收归国有已是既成事实，无法改变，望仰融好自为之。

仰融一言不发，静静地躺在病床上，听他接着往下说："你这么斗下去，没什么好处。事情弄僵了，搞不好一些领导会翻脸不认人的，这么斗下去没有多大意义。"仰融深知朱学东在辽宁背景深厚，说出这番话来，并不是危言耸听，更像暗示即将到来的危险。但他仍旧默不作声，看着朱学东离去的背影，突然产生一个大胆的念头。

医院的围墙仿佛一道不透风的墙，躺在高级病房中的仰融并不知道，自己正处在舆论的风口浪尖。

2002 年，华晨资产被收归国有的消息成为四五月间各大媒体关注的焦点。关于仰融的传言纷纷扬扬，无论媒体还是公众，都吊足胃口，对这个迅速崛起的第三富豪和他的企业充满好奇。

中华轿车进目录从另一方面验证了华晨拟为国有的猜测。5 月 24 日，《人民日报》头版头条文章指出："中华牌轿车，辽宁具有 100％的整车知识产权。"四天后，5 月 28 日上午，国家经济贸易委员会颁布第 16 批车辆生产企业和产品公告，"中华"赫然在列。

第二天，华晨在北京华彬国际大厦举行中华车上市仪式。人们意外地发现，中华轿车的缔造者仰融，以及当初轿车项目的技术骨干，无一人出现。现场只有三个陌生的年轻人应付场面，有人不解，"在这个重要场合，仰融董事长为何没有露面？"一个自称公关经理的人答非所问，"这是一个新产品发布会，是为 6 月初的北京国际汽车展准备的"。

随后，关于仰融"病退"、"被逼宫"之类的传言迅速蔓延，华晨再一次走到了舆论的中心。

产权与出身是迫不得已的包装手法，助推华晨海外上市，却最终引火烧身，成为仰融无法说清的致命伤痛。如果说 10 年前的上市曾激起不小的波澜，那么如今华晨在产权问题上引起的漩涡，丝毫不亚于当年。

随着事态的不断扩大，华晨系开始出现溃败迹象。申华控股净利润下滑上亿元，金杯汽车报出巨额亏损，中西药业被法院查封部分财产，进入 ST 股票之列。金杯通用与金杯客车遭遇销售挫折，华晨汽车在香港联交所的股价暴跌，两天内跌幅近 10％。与此同时,小道消息在企业内部四处流传,刚刚更名的申华控股人心惶惶,股东们忧心忡忡,怀疑申华将被国家收回,大有抽身离去之意。

不满情绪迅速蹿升,5 月末,终于漫过围墙,侵入病房,仰融决定出面做一个交代。

5 月 31 日上午,申华控股在上海体育馆召开股东大会。3000 多位中小股东带着疑虑,对申华归属、企业产权提出种种质疑,希望大股东给出一个合理的解释。

主席台上,华晨四大金刚座位虚空。华晨股东中,只有仰融一人出面。他拖着病体,对群情激昂的股东们说,他是从医院请假出来参加股东大会的。"华晨资产传闻收归国有,辽宁省政府已经成立接收小组,我再次强调,政府接收的是华晨,不是申华。"说完最后一句,他脸色通红,咳嗽不止,偌大一个体育场上留下一串难以掩饰的喘息声。

仰融曾反复说申华控股的管理体系好,将会进行管理层收购。现在他仍不服输,说:"我本人已义无反顾地进去了,最近因身体问题,没有继续买,但近期还将会继续增持。公司在章程以外将搞一个内部规定,每个董事都必须持股。"

准备继续收购的金杯汽车也成为关注焦点。一年前,申华控股受让金杯汽车 11.2％的法人股,当时约定准备以同样每股 2.30 元价格,增持 17％的国有股。如今金杯汽车业绩大幅下滑,小股东们当面质疑仰融。仰融坦陈,没有想到会如此不济,现在也有退出的念头。①

---

① 2002 年,华晨系控制着国内外 5 家上市公司,包括最早在美国上市和香港二次上市的华晨汽车、圆通科技、申华控股、金杯汽车和中西药业。这些公司中,国内最主要的两家公司是申华控股和金杯汽车,而它们都与汽车有关。前者依赖于沈阳金客销售权和华晨汽车零部件业务赢利,后者主要依赖于汽车制造业务赢利。为把这两个利润源划拨到一家公司门下,仰融从 2001 年 5 月开始,决定以管理层持股的方式,收购金杯汽车股票。但随着汽车和金融的全面溃败,金杯汽车成为一块不良资产,申华控股惨遭牵连。

同时，他还对缺席中华轿车上市仪式表示遗憾，并说，"中华轿车的定价即将出台，我要创造一个中国人收入水平下的汽车消费案例，国产轿车将比美国、日本同排量的轿车还要便宜。"仰融还说，中华车销售将置于申华之下，作为金杯客车盈利下滑的替代和补偿。在辽宁方面接管华晨汽车的背景下，这样的说辞显得苍白无力，尽管言之凿凿，但局势已难以扭转。

流言纷至沓来，虚虚实实，人们被巨大的疑团包围着，已经难以分辨事实。在很多小股东看来，仰融试图稳定军心的讲话不仅经不起推敲，也很难赢得信任。与其说是应付局面，不如说是一厢情愿。也许用不了多久，一切即可尘埃落定，水落石出。

从喧闹的会场出来，仰融显得异常平静，他决定先不回医院。支开秘书和司机，他自己开车，去静安寺走走。明媚的阳光下，一辆高级宝马轿车驶上马路，很快消失在滚滚车流之中。

6

出局之谜

仰融的去向成为 2002 年 6 月最大的谜团。

那天,目送仰融开车离去后,秘书李正山就再也没有见到他。第二天,李正山去医院探病,发现仰融不在,病床还是前一日开会前的样子。一度以为他回家了,但去了仰宅后才得知,仰融根本就没回来。

李正山又火烧火燎地去静安寺寻找,也没有发现踪影,这才意识到,仰融失踪了。

不知是谁走漏了风声,仰融下落不明的消息很快传开。从申华大厦到上海滩,再到千里之外的东北,乃至全国各地的大街小巷,这个风云人物的去向迅速成为热门话题。一时间,"仰融被捕","被限制离境","偷逃国外",诸如此类的猜测铺天盖地而来。

媒体发掘猛料的热情被极大地激发起来,大大小小的记者不约而同地涌向上海宁波路 1 号。

26 楼,缺少主人的办公室仍旧富丽堂皇,窗帘半掩着,可以望见对面的天际线。记者们如潮水般地赶到这里,试图寻找到蛛丝马迹。只不过,仰融已经很久没来这里办公了。接受采访的苏强说,"我们也几个月没看见仰总了",而且并未接到任何部门关于仰融出现任何情况的通知。

这话听起来像外交辞令,但的确是实情。苏强并未出席 5 月底的那个股东大会,他甚至忘记了与仰融的最后一面是什么场景。但这并不能打发走一部分固执的记者,他们在大厦内逢人便问:"仰融目前在哪儿?"员工们缄口不言。这些场景被写进新闻,再次激发起人们巨大的好奇,于是,流言四起,沸沸扬扬。

仰融突然失踪,把华晨和辽宁方面的矛盾暴露在光天化日之下,外界谣言满天飞,偌大一个华晨系风雨飘摇,辽宁省政府感到压力重重。

曾去探病的朱学东更是被巨大的欺骗感所包围。他明明看见仰融躺在病床上,呼吸困难,病容恹恹,怎么突然会在一夜之间蒸发呢?仰融的妻子与两个儿子定居美国多年,他本人几年前就获得香港身份证,国外朋友不少,不会是逃跑了吧?朱学东心下疑惑,终于说出这个藏在心里的想法。

这一猜测得到足够重视。辽宁省政府马上召开紧急会议,研究解决方案。随后,公安、审计、税务等大批人马赶往上海,对仰融住所和申华金融大厦展开调查。

6 月 14 日,辽宁方面向中央递交报告,指控仰融携款 5 亿元人民币外逃。据说,这个结论是连日侦查的结果,但考虑到不良影响,数字上有所保留。看到辽宁省的报告,中央领导高度重视,立即批示,要求要有足够的真凭实据。

在高层授意下,围绕仰融的去向,更大力度的调查不动声色地展开。

与此同时,华晨内部几乎乱成一团。自传出仰融失踪的消息以来,华晨汽车股价连日下跌,由 1.49 元跌至历史最低 0.98 元,跌幅超过 36%。同时,小道消息无孔不入,企业内人心惶惶,越发混乱。

为稳定局面,6 月 18 日下午,华晨汽车在申华金融大厦 18 楼会议室召开董事会。除仰融缺席外,其他董事全部到场。

会议在凝重的气氛中开始,主要内容是对仰融去后管理层进行人事调整。鉴于形势紧张,董事们很快形成一致意见,决定解除仰融董事局主席、公司总裁、行政总监等职务。理由是:不恰当地作出与基金会的业务方针相违背的业务决策,没有顾及本公司股东的集体利益。

据说早在一年前,仰融就被撤销基金会一切职务。如今华晨汽车再次拉出这个有名无实的幕后大股东,除了显得师出有名,同时也是在暗示政府已经介入华晨内部,开始干涉管理。

辽宁省政府看得很清楚,华晨能够发展到今天这个地步,仰融功不可没。仰融出走后,宛如迷宫的华晨实非他人可以掌控,一旦华晨收归国有,势必会像某些国有企业一样,迅速败落。因此,辽宁省政府希望骨干团队留任。

这个意思被传达到华晨董事会上。最终,仰融的四位得力干将,被外界称为华晨"四大金刚"的苏强等人作出他们人生中最重要的抉择。董事会上,他们替代了仰融在华晨汽车的地位。其中吴小安当选新任董事局主席,苏强任总裁并兼任行政总监,洪星为董事局副主席,何涛任财务总监。

管理职务被单方面解除,意味着仰融最终被驱逐出局。尽管他还持有一部分华晨股票,保有董事名分,但已经没有实际意义。随后,华晨汽车发布公告,对外宣布这一重大人事变动,期望以此刺激华晨汽车股票。

与此同时,"仰融出局","仰融被限制出境","四大金刚集体反水"的新闻迅速成为各大财经媒体的头条。外界对此震惊不已,在许多人看来,仰融对苏强四人有知遇之恩、栽培之情,关键时刻,他们的留任和升职显得耐人寻味。

媒体还发现了一个意味深长的细节。2002 年 5 月,仰融和吴小安一起在由摩根士丹利安排的一个电话会议上,向多位基金经理表示:"华晨汽车股权并非国家所有,只是当初为了符合海外上市要求,暂由教育基金会代管,目前华晨管理层正在准备收购华晨股权。"仅仅时隔一周,吴小安一改上次说法,称金融教育发展基金会受中国人民银行监控,独立运作,仰融只是该基金会发言人。

6月18日,就在仰融解职的消息正式公布前6个小时,吴小安还向媒体表示,"公司已向仰融求证,仰融并未因违规事件被调查"。然而仅仅一天后,他这样解释仰融突遭解职的原因:"由于仰融不能照顾股东利益,与大股东中国教育基金会意见不合,董事会已经解除其主席职务。"

吴小安是在华晨汽车海外上市时加入华晨的,对华晨汽车知根知底。但他在此事上的表现疑窦丛生,前后说法截然相反,口风变化如此之快,"稳定股价"之类的说辞实在难以令人信服。甚至有人据此判断,四大金刚实际上已经背叛仰融。

于是,吴小安四人被迅速推向流言蜚语的风口浪尖。

苏、吴、洪、何四人跟随仰融多年,一直被委以重任,为打下华晨江山立下汗马功劳。"四大金刚"之称,一方面说明他们在华晨位高权重,另一方面也是仰融发号施令、统筹全局的坚定拥护者和执行者。毫不夸张地说,苏、吴、洪、何四人支撑起了整个华晨系,是仰融权力触角的延伸。

"四大金刚"中,苏强全面负责金杯客车、中华轿车项目、宝马合资项目,何涛具体主持中华汽车项目,洪星则具体主持宝马项目。这三个项目是仰融"汽车帝国"的中流砥柱,决定着华晨的生死存亡。另外,吴小安充当仰融副手,辅助设计华晨全局战略和整体管理。

苏强曾说:"华晨中低层洗牌无数,但高层却非常稳定,因为最理解仰融的是我们,很多事情往往是我们在拼。我们不是坦克,是自行车,看见有沟,我们就把车扛起来跑,以快打快。"

为了奖赏他们,2001年宝马轿车签约前,仰融亲自安排。当年6月2日,华晨集团分别授予吴小安、苏强、洪星、何涛3000万、3450万、2664万、3504万股购股权,每份购股权可以以每股1.896港币的价格认购,当日起10年内行使。四人一夜之间成为亿万富翁。

表面看来,仰融对苏强四人有知遇之恩。但据多位知情人士透露,仰融与四人关系其实相当复杂,名为同伙,实似君臣。据说仰融曾在外人面前对苏、吴等人随意呼来唤去,有时不乏侮辱用语,令旁观者于心不忍。四人一直心存忌讳,隐忍不发,但早已怨言重重。

坊间传言,华晨内部对仰融的不满由来已久。策划罗孚项目过程中,仰融从未在董事会讨论过,也未形成任何决议,更不考虑其他股东意见,完全按个人意志行事。后来仰融自己也说:"在杭州湾跨海大桥项目的投资上,我与股东的意见分歧太大。"

四人中,苏强跟随仰融的时间最多,也最得仰融赏识。自从1995年苏强在金杯客车厂总经理职位上崭露才能,一直担当仰融左膀右臂,先后被任命为申华控股总裁、华晨汽车副总裁。仰融被撤职的消息传出后,有媒体采访苏强,提及与仰融的关系,苏强顾左右而言他,"一出校门就跟着仰总做金融、做汽车","很尊敬仰融"。

最后,似乎为表露心迹,苏强意味深长地说:"无论发生什么变化,我们始终把自己定位为职业经理人,会为公司最大的利益和长远目标,以及全体股东的利益尽己所能。到目前为止,我们所做的一切都符合职业经理人的价值取向。"苏强与仰融渊源莫辩,如今说出这番话,普遍被视为与仰融划清界限,分道扬镳。

也有人认为,"四大金刚"行动一致的反水实乃仰融有意为之的布局,是为日后卷土重来留下的后招。

仰融熟读兵法,深谙狡兔三窟的道理,很早就开始谋划后路。他设计了申华控股与华晨汽车两条路径,然后把自己最看重的罗孚项目和中华轿车分别放在两家上市公司下运作,并有意把优质资产全部拿到申华名下。除了海狮车零部件供应与整车销售,宝马和中华采用的发动机与"黑色出租车"都计划在宁波罗孚工厂生产。

这样,"即使最后国家收走了一个华晨汽车,仰融还有申华的英国罗孚项目和黑色出租车"。而且,仰融在这个方案上设置了"双保险"。在许多人看来,"四大金刚"的留任成为这个设计的关键一笔。

不少人清晰地记着,5月31日,申华控股的股东大会上,苏强、吴小安、洪星、何涛未出席会议。当天,仰融与董事会达成决议,免去苏强总裁职务,改命副总裁汤琪接任,苏强调往华晨汽车。仰融出走后,这个消息被压下来,拖了6天,直到6月6日才公布。这样就造成仰融与四人不合的假象。另外,媒体对此纷纷猜测,华晨迷雾越发浓重。

按照仰融的构想,政府一定"玩不转"复杂的华晨,考虑到苏强四人在其中的地位,势必会不遗余力拉拢他们。一旦四人留任,进入华晨核心管理层,即便自己退出,仍可遥控指挥,幕后操作。这样,华晨与申华便依旧在他控制之下。

但是,这个看似精妙的安排忽视了一个关键问题,即"四大金刚"能否继续听命于他。

种种迹象表明,苏强四人违背了仰融的这个初衷,倒向了政府一边。6月19日,华晨与宝马的合作项目建议书在国务院办公会议上获得通过。仰融为此奔波一年都未成功,被撤职仅一天,居然顺利通过。此事一度引发热烈猜测,被视作"四大金刚"倒戈的重要疑点。

随后辽宁省政府承诺,苏强四人待遇维持不变,年薪30万美元加5%的利润提成,此外可按每股0.95港元的低价,分别获得8000万至9000万股不等的期权认购权,共占华晨汽车总股本的9.446%。显然,政府希望通过这样的方式,稳定华晨旧部军心,这恰恰成为"四大金刚"被招安的证据。

后来,仰融得知这个消息后,情绪激动地说:"上帝不知道他们在干什么,他们自己也不知道。"他一定没有想到,这个看似天衣无缝的周密安排会败在自己最为信任的四个助手身上。至此,仰融对华晨再无留恋,6月末,他以每股介于1.05至1.22元的价格,先后抛售所持全部华晨汽车股票,套现近9000万元。

直到这时,人们才得知,他已经身在美国。

第八章　流亡与布局

　　是非成败转头空。10 年磨炼聚起的光华，一夜之间便消散殆尽。

　　2002 年，仰融从巅峰跌至谷底。由座上客沦为通缉犯。坐在洛杉矶家中，仰融寝食难安，回望故国，华晨系物是人非，一股苍凉忧愤慨然而生。

　　一切似乎已经结束。申华大厦很快恢复平静，26 楼也有了新的主人，中华轿车市场表现平平。缺少仰融的华晨迅速平庸，管理者走马灯似的更换，却无法阻止其下坠的脚步，一路上错过许多风景，再难激发出希望。

　　大江东逝，发生在这片土地上的争斗很快就会被淡忘。直到有一天，一个声音从大洋彼岸传来，人们才知道，他的故事仍在延续。

1

身后事

仰融出局之后,华晨战略意图被全面改写。

昔日仰融制定的规划中,汽车和金融是华晨的两个支柱。但是,在外界看来,华晨更像是一家金融公司,而非汽车企业。更确切地说,是一家从事汽车业务的金融公司,并非纯粹的汽车公司。

苏强对这个部署颇为不满,"过去华晨汽车是个金融公司,主要是在做投资、资本运作,上市等业务;而金杯客车是在做产业。由于目标不一致,上下有些脱节"。仰融离开后,作为华晨内部最懂汽车的人,他决定改变这种现状。

苏强说:"我们曾有冲动,想做成一个集团军,于是把我们优秀的人才输血到那些相关的行业里去。但是到最后,我们内部觉得有些力不从心了。走了一些弯路以后,总结经验教训,确确实实觉得我们的团队、我们的手段、我们的经验、我们的事业,放在汽车行业里才是最适合的。"

6月底,华晨汽车高层对产业体系进行调整。一个很重要的细节是,沈阳金杯客车制造有限公司更名为华晨金杯客车有限公司,人人皆知的金杯客车被套上"华晨"的帽子,成为华晨向汽车业进军的先锋部队。

名称的改变恰恰印证了华晨战略的转换。调整后的华晨汽车体系中,顶层是上市公司华晨汽车,下面有三大块业务,第一类是整车,包括华晨金杯客车和中华轿车;第二类是发动机,主要是华晨持股21%的沈阳航天三菱发动机公司,用于中华轿车的配套,另外还有绵阳新晨、沈阳新光两个发动机厂;第三类是一些零部件企业。

华晨汽车似乎有意"瘦身"。仰融在位时,已经剥离了业绩下滑的金杯通用,并减持金杯汽车股份,只剩保定中兴、三江雷诺和宝马项目。对于新上任的苏强来说,相比宝马项目,前两者缺乏吸引力。于是,中兴与雷诺被排除在汽车版图之外,只保留宝马项目,把精华业务浓缩集中,实现上下目标一致。"今后华晨系就是为整个汽车的发展服务,"苏强说,"重点还是在沈阳华晨金杯上,我们希望能够在5到10年里,将华晨汽车发展成国内最主要的汽车集团之一。"

按照苏强的计划,未来5年,华晨旗下汽车销量至少要达到20万辆。再过5年,增长20万辆,争取10年内达到40万至45万辆。当时中华轿车还未上市销售,金杯通用已被抛弃,宝马合作还未展开,华晨旗下只有海狮车一类产品。按照海狮车1年6万辆的销量,汽车总销量至少要在5年内翻3倍。

为了实现这个宏伟计划,华晨董事会在中华轿车上市之前的这段时间确定了一个"两条腿走路"的发展战略:一是加强与国际合作,如宝马、丰田、三菱等,通过学习、消化、吸收,培养自己的经营团队;二是坚持走自主知识产权的道路。

苏强显然有意与申华控股撇开关系,尽管这个企业和华晨汽车以及他本人有着千丝万缕的联系,但他绝口不提当初赫赫有名的"五朵金花",只说"华晨汽车现在要埋头造车,要尽快收回中华项目上投入的40亿元资金,目前不会再投资新的项目"。

收回投入资金的期望被寄托在海狮客车与中华轿车身上。撤出申华控股之后,华晨汽车只有这两款成熟的产品平台,同时由于申华控股掌控金杯客车销售和采购渠道,华晨从海狮车上并不能获得多少利润。

苏强决定改变这种局面,他说:"大华晨里相互输送利益的情况应该结束,因为各家都有各家股东的利益。"站在辽宁省政府的立场上,当然不希望自家的金杯客车,成为他人的小金库。尽管在协议上没改动,申华控股仍是金杯客车的主要经销商,但华晨方面暗中进行操作,把金杯客车的零部件采购点放回沈阳,并重新拿回海狮客车销售权,实际掌控了这个利润源。

另外,华晨高层决定,对呈现疲态的海狮车进行技术改造,争取在 1 年内将产能提高到 12 万辆。同时,加大中华轿车经销网络建设力度,10 万辆产能全部启动,将其打造成为"中国轿车市场的重要参与者"。政府显然要掌控中华轿车的销售权与采购权,注销与宁波有瓜葛的沈阳正通等公司,断绝一切分流项目。

正如仰融所不愿看到的那样,辽宁省政府接管华晨之后,这个汽车网络中最具实力的一支"王牌军"从"大华晨"抽身离去,釜底抽薪,令申华控股顿时丧失供血能力。随后,饱受争议的罗孚项目被以"立项有误"为由终止。

当时,宁波的土地拆迁已经完成,办公大楼开始启用。罗孚开始对中华轿车内饰进行改良,并同意提供有"中华"商标的罗孚 2.5 升发动机。严格按协议办事的英国人已经把所有生产设备清单移交中方,一切就绪,只等合作开始。因此,当苏强突然提出终止合作的时候,他们一头雾水,不知所措。

缺乏想象力的英国人实在想不通,中国伙伴为什么"变脸"如此迅速,他们对发生在大华晨的这段争斗并不知情,但项目的戛然而止却令他们百思不得其解。当时,面对罗孚的种种疑问,一向口齿伶俐的苏强竟然哑口无言,而身在洛杉矶的仰融,除了苦笑,也别无他法。

223

2

中华上市

更让仰融感到遗憾的是，没能亲眼看到中华车上市的情景。

8月20日，下线一年零八个月后，中华轿车终于上市开卖。当天上午，中华轿车市场投放仪式在北京隆重举行。当仰融得知这个消息时，他隔夜遥望，久久无语，黯然神伤。

这个隆重的仪式成为华晨高层自仰融出走以后的第一次公开亮相。除了熠熠生辉的中华轿车，主席台上的"四大金刚"也成为媒体关注的对象。苏强似乎已经忘记刚刚发生过的一切，他自豪地说："8月20日对华晨来说是个值得纪念的日子，华晨由此不再是个单纯的金融企业，而是一个综合性企业。"

"华晨将在5到10年的时间里发展成为国内一个重要的汽车集团，"苏强再次重申这一宏伟目标，甚至比此前更为夸张，"到2010年，产销汽车78万辆，发动机产能90万台，利润68亿元，销售收入1300亿元，占据中国汽车市场

10％的份额。"

大屏幕上反复播放着关于中华轿车的宣传短片,配合着苏强铿锵有力的话语,别有一番悲壮与沧桑。目睹这个情景,来自全国各地的记者们沉默不语,只有照相机的咔嚓声错落有致地回荡在会场。

镜头对准的是中华轿车,大家的思绪却被这个民族品牌的磨难和命运牵引着。

中华轿车上市前的一年半里,正是华晨最为艰难的时期。从申请"准生证",到缔造者出局,乃至高层人事变动,无不牵一发而动全身,事关企业兴衰成败,以至于人们一度对中华车失去信心。因此,当这款承载无数人希望的轿车闪亮登场时,它引起的震撼异常强烈。

"中华轿车可以打几分?"中央电视台节目主持人曲向东问宝马公司的汽车专家。专家的回答颇像外交辞令,"有权利打分的只有中国人"。人们有点不满意,作风严谨的德国人最后当着记者的面称,"中华轿车是非常优秀的车"。

接下来发生的一幕令人十分难忘。中华轿车的第一位用户,香港金利来集团董事局主席曾宪梓对这款轿车给予了极大的信任。"中华轿车为中国和我们中华民族争了光,"老先生说得很动情,"这是一款好车,值得骄傲,希望中国人都来买自己的品牌车。"

人们的确"都来买了"。中华车上市的前半月,一度出现脱销现象。与其说人们被爱国热情所感染,不如说是被诱人的价格所打动。华晨在全国几大城市推出的第一代中华轿车,标准配置售价 16.98 万元,并提供 15 种车身颜色以供选择。对许多囊中羞涩而又想体验国产中级轿车的企业和个人来说,这是一个无比诱人的价位。

姗姗来迟的中华车错过了最佳的市场切入点,注定一上市就将遭遇极为严峻的挑战。

2002 年,国内汽车市场中级轿车领域竞争加剧。单单在 16 万元的价位,上半年上市的车型就有红旗明仕 2 代、宝来、桑塔纳 2000、海马福美来等车型，斯柯达法比亚也以 16 万元的价格进口上市，此外还有大量合资公司正在准备推出中级轿车。

相比上述车型，中华轿车的优势在于性价比。国内市场上所有中级轿车中，中华轿车的排量最大，达到 2.0 升；车身最长，达到 4.88 米；而配置上不相上下，甚至略胜一筹。人们戏称，中华轿车是 C 级车的车身，B 级车的驾乘感受，A 级车的售价。业内人士预言，作为一款具备自主知识产权的国产中档轿车，中华轿车的性价比优势甚至会对更高档次的帕萨特、别克、广州本田等车型造成一定的冲击。

中华轿车的确展现出强劲的市场冲击力。在上市不到一个月的时间内，经销商便接到 8000 多张订单，销售反响热烈。北京的一些专卖店，甚至出现大量现金提车的客户。这股销售热潮一直持续到年底才结束。

之所以迅速"熄火"，一方面是市场竞争加剧，另一个很重要的因素在于，中华轿车的品质与人们的期望相去甚远。

上市不久，中华车就爆出负面新闻。烟灰盒打开就盖不上、发动机经常熄火等小毛病不断，客户开始担心质量，"小东西都做不好，大的东西能够做好吗？"内饰一直困扰中华轿车的销售，成为整车的一个瑕疵。一个经销商转述顾客对中华轿车的评价，"看这车的样子，值四五十万"。价格没得挑，内饰却经不起推敲，"如果能够把内饰弄好，中华车就会有好的前途"。

提高内饰档次必然要加大成本。华晨的策略是根据不同价格推出不同配置。排量提升到 2.4 升、尾气排放达欧洲 2 号标准，价格提高到 18.88 万元。但只是单纯提高配置，内饰方面却无多大实质改进。这一年中国汽车界的主题是降价，华晨反其道而行之，自然难以为继。于是"中华第一车"短暂辉煌后迅速恢复平静。

仰融在大洋彼岸时刻关注华晨，当他得知此事，心中愤愤不平。

当初仰融定下的市场策略是：以低价切入市场，每年逐步提升价格，价格提高的前提是零部件、内饰件质量的提升。他对第一代中华车的定价是 12.99 万元，与现在接近 17 万的价格相差甚远。仰融认为，中华车已经错过了市场发育期，面对众多竞争对手，只有以价格取胜，"12 万元的车，消费者觉得与桑塔纳比，这个车还是好的"。

然后再应用罗孚技术，改良内饰，随之提价，即使再加上 3 万元改良费，卖到 15.99 万元，还可以获得一笔利润。后来得知华晨一次性提价到 18 万元上下，他不以为意，"定价到 18 万元，消费者要是跟帕萨特、本田一比，他就觉得不值了"。

仰融认为，中华轿车质量下降，与政策失误有莫大关系。在政府建议下，华晨管理层把零部件产权全部收回，放在辽宁当地做。这种走回头路的配套模式，使得中华轿车质量无法保障，从而出现零部件、内饰方面的种种问题。另外，华晨放弃采用罗孚对内饰的改良以及写有"中华"字样的罗孚发动机，继续采用三菱的老式发动机，仰融觉得颇为可惜。

最关键的一点是，许多政府扶植本地企业，地方保护主义盛行，最终损害了企业的长远利益。

3

败　局

仰融无法容忍一手培养起来的中华轿车如此迅速沉沦，他坐镇美国，施以报复手段。

10月3日，仰融通过以圆通科技大股东身份，越洋召开股东大会，罢免包括副主席吴小安、苏强等在内的6名董事。吴小安针锋相对："仰融先生在本集团的管理、运作和业务的参与是微不足道的。"

吴小安对仰融历史功绩的否定显得过于意气用事、有失客观，终于引起仰融的不满和反击。

10月14日，仰融通过名下香港华博财务公司，以侵占资产和行政侵权为由，向北京市高级人民法院起诉，状告中国金融教育发展基金会侵占其个人资产。由于涉及中国内地、中国香港和美国在内的六家上市公司，该案成为新中国成立以来最大的产权纠纷案，受到国际广泛关注。

北京市高级人民法院对此高度重视，专门成立合议庭受理此案。为了表明自己的"合法"与"无私"，仰融甚至签署捐赠资产委托书，委托律师法律确认其"应得的华晨系资产，在扣除律师费、应付税款和其他一切相关的费用开支后，全部捐赠给委托人书面指定的非盈利性社会团体或慈善机构"。

据相关人士透露，"其实辽宁方面十分欣赏仰融的经营才能，希望他留下来"。出走美国后，辽宁省政府并未查收其国内财产，甚至多次暗示仰融，他本人或代表可以与辽宁就产权问题进行谈判。如今他不知趣地提起诉讼，最终激怒了相关方面，不仅和谈无望，甚至会引来不必要的麻烦。

10 月 18 日，辽宁省人民检察院以涉嫌经济犯罪发出全球通缉令，正式批捕仰融。一度风光无限的"中国第三富豪"、辽宁省政协委员，由此沦为千夫所指的通缉犯。消息传出，许多人大吃一惊。当年追随仰融一起打江山的华晨旧部更是纷纷与之划清界限。不久，华晨汽车召开特别股东大会，免去仰融的董事职务。至此，仰融被彻底扫地出门。

12 月 2 日，北京市高级人民法院驳回"香港华博诉中国金融教育发展基金会一案"，"本着先刑事后民事的原则"，将此案移交辽宁省公安厅查处。就这样，仰融的第一次诉讼宣告失败。

此刻仰融在大洋彼岸黯然神伤，华晨汽车在国内重新洗牌。

12 月 28 日，辽宁省政府通过全资子公司华晨汽车集团有限公司向中国金融教育基金会以每股 0.1 港元的价格购买华晨汽车 39.45% 的股份。随后，华晨汽车在北京宣布，公司已经成为一家由辽宁省政府控股的国有控股上市公司，除另加一名来自沈阳政府的董事外，管理团队基本保持原班人马。此前 5 天，"四大金刚"分别认购近亿股票，成为新华晨一支重要力量。

2002 年即将结束，华晨汽车走过十年路程，终于从一个产权复杂的上市公司，转变为国有汽车企业，有资格享受"正规军"待遇。只不过，它的创办者已是两手空空。十年一觉扬州梦，仰融身处海外，回想当年美国上市，一幕幕画面扑面而来，恍如隔世。

4

海外诉讼

华晨改弦更张不久,一个仰融的老部下说:"国内大门向他关闭了,仰融的故事也就结束了。"但大幕落下之前,还有几缕弦外之音。

实际上,仰融并不甘心失意离场。与那些潜伏在某个角落销声匿迹的流亡富豪不同,转过年来,他一改往日低调神秘的形象,在海外展开声势浩大的诉讼。

2003 年 1 月,仰融经律师指点,前往华晨汽车注册地百慕大,以基金会注资者华博财务的名义提出,"拥有的华晨中国的股权,被中国辽宁省政府拥有的华晨集团错误征收",要求百慕大高等法院发布禁令,阻止华晨汽车出售股权。

经过一个多月的调查,2 月 8 日,百慕大法院作出判决,认定"华博公司从未拥有华晨中国的任何股权",其诉讼不是"可信的诉讼",并且存在"滥用法院程序"、"故意向法院隐瞒事实"、"蓄意误导法院"等行为。

据此，大法官在判决书中警告仰融：如果他本人以个人名义重新起诉，就意味着他此前向法院提交的所有证言都是谎言，希望他不要再做浪费法律资源的事情。

仰融对此置之不理，半年后的 8 月 7 日，他在美国华盛顿联邦法院以个人名义起诉辽宁省政府。仰融在起诉书中表示，自己和妻子及私有公司华博财务因辽宁省不正当行为，财产被不当剥夺，请求法院勒令辽宁省政府将华晨汽车和其他产权利益还给华博，或以此股份现值补偿。

一个被指控经济犯罪、流亡海外的商人，以诉讼的形式，把一个本国地方政府告上外国法庭，因其绝无仅有，一经受理便引起巨大反响。在很多人看来，仰融已经不是为了争夺个人权益，更像是在发泄愤怒，挑战辽宁省政府的底线。

于是，一桩由"红帽子"企业产权不明引发的政商博弈，最终暴露在国际视野之下。

美国法院的立场再次把此事推向高潮。8 月 21 日，美国联邦法院哥伦比亚特区分庭正式向辽宁省政府发出民事案传票，并以特快邮寄到中国司法部，由司法部传送至辽宁省政府。传票称：被告方需在送达后的 60 日内答辩，如被告未按时送达答辩，法庭将以缺席判决被告方败诉，并按原告方诉状要求的赔偿请求做出判决。

美国法院的横加干涉令辽宁省政府大为不满。9 月 29 日，辽宁省负责人在接受记者采访时表示："华晨集团前董事长仰融，是华晨国有资产的代理人和经营者，不是民营企业家，辽宁省接收华晨国有资产是执行国家下达的有关文件。"言下之意，任何外国司法机构都无权干涉中国政府对国有资产进行处理。

随后，中国司法部以美国违背国际公约为由，拒绝转送传票至辽宁省政府。仰融的美国律师通过哥伦比亚地方法院，将传票递交至美国国务院，由特殊领事服务司将法律文书送至中国外交部，转送至辽宁省政府。

　　此案一度上升到外交层面,惊动中美两国高层,在政府斡旋以及国际舆论的影响下,美国哥伦比亚地区法院自知无权越界,将此案一拖再拖,最终驳回起诉。仰融试图挽回颜面的图谋最终破产。

　　至此仰融终于消停,不再做无谓的抗争,他在洛杉矶家中韬光养晦,为日后卷土重来隐忍不发。从此,中国的商业江湖上,他的身影渐渐模糊。

5

人间正道是沧桑

　　仰融出局后的数年,华晨如同一个突然爆发而又随即干瘪的气球,日复一日地衰落下去。

　　就如同仰融几年前所预料的,随着中华轿车的上市,中国汽车市场的井喷时代终于到来。2002年,中国轿车销量同比增长56％。一年之后,这个数字上升到65％。汽车市场的狂飙式发展令中国汽车人欣喜不已,人们都铆足了劲,想要在这一轮风潮中,瓜分谋取属于自己的蛋糕。

　　颇为可惜的是,风起云涌的市场大潮中,最先扛起自主品牌大旗的华晨,却在仰融离去之后脚步迟钝,一步步陷入落寞境地。

　　2002年上市的风光过后,中华轿车很快被市场无情淘汰。第二年,销量不足1.5万辆,这是一个令人心寒的数字。与当初高达数十亿元的投入相比,显得过于微不足道。随后的2004年,销量进一步下滑至1.09万辆,经营亏损

6亿多元。一直稳居同行业榜首的海狮系列车型也因为款式老旧,被后来者居上。这一年,海狮车销量仅为6.1万辆,同比下降18%。

在全国汽车销售迅速增长的背景下,华晨汽车销量不增反降。为了挽回局面,辽宁方面不遗余力支持华晨,甚至以政府订购形式,力挺中华轿车。2002年沈阳市政府对购买中华轿车用作出租车的企业或个人每辆补贴1万元,但由于"中华车型换代慢,作出租又不够皮实",市场反应冷淡。随后,摩根士丹利国际金融服务公司发布报告指出,"中华轿车正在变成华晨中国的亏损制造者"。

华晨最为倚重的轻型客车与轿车,最终不仅无力承担起拯救者的重任,反而成为华晨的负担,拖着这个衰落的帝国急速下坠。

另一条主线上,被普遍视作大有前途的众多合资项目全面告败。金杯通用引进的雪佛兰卡车和多功能越野车项目一直处于亏损状态,2004年被上海通用整合;华晨单方面终止合同,与英国出租车公司生产奥斯汀出租车的项目告吹,已支付的7000余万元模具费无法收回;更令辽宁方面失望的是,华晨与宝马并线生产的3系和5系,因价格、质量等问题,一直饱受销售困扰,2003年,刚组建半年的华晨宝马亏损高达2.5亿元,一年后,亏损近4亿元,随后华晨放弃主导权,宝马不"宝"。

2004年,华晨汽车的利润从高峰时期的9亿元急剧下降到4860万元,跌幅之大令人错愕,苏强当初信誓旦旦的宏伟振兴计划宣告失败。

辽宁省政府终于意识到问题的严重性,接二连三的重整如期而至,但华晨身染沉疴,病入膏肓,已难以治愈。于是,政府开始考虑撤换管理层。

"两年半的业绩,证明他们也不是取代不了的人。""四大金刚"能力遭受质疑,站在辽宁省政府的立场来看,他们也不是可以让人放心的企业经营者。于是,在种种质疑下,苏强四人开始考虑自身利益,分别于2003年和2004年两次抛售手中的企业股权,前后套现3.3亿港元。消息传出,引起投资者的极大恐慌,华晨汽车股票狂泻不止,两日内下挫13%。是年年底,苏强、吴小安被取代,一年后,何涛、洪星离职,至此华晨"四大金刚"全数离开,华晨告别了仰融时代的最后一丝阴影。当年 12 月,一直担任华晨汽车审计师职位的普华永道坚决辞职。

置于负面新闻之下的华晨,进一步在亏损的泥潭里挣扎。2005 年上半年,华晨汽车报亏 2.99 亿元。三个月后,媒体记者前去沈阳采访,寻访许多地方,都找不到华晨总部的办公地点。辽宁省国有资产监督管理委员会官员称,华晨汽车集团是中外合资企业,不是国有企业,不属于他们的管辖范围;而经贸委官员则表示,不清楚华晨汽车究竟归属哪个部门,所以无法提供情况。

2005 年年底,华晨高管再次更换,不到四年的时间,走马灯似地换了四批人马。这个曾经在资本市场叱咤风云,一度点燃人们对民族汽车品牌希望的企业,终于在频繁的人事更替和经营不善中消退光芒,沦落到江河日下的老国有企业之流,自顾不暇,遑论与合资企业品牌竞争。

得知这一切,一直默默关注华晨的仰融终于再次发出声音。他在越洋电话中,反思华晨失败的前因后果,"我真没有想到,把项目放在宁波会惹出这么多事,要是放在大连,可能什么事都没有"。他甚至一改往日强硬做派,温和地将几年前的产权之争形容为一个"误会","看着现在的华晨,我心里很不是滋味。虽然阴差阳错,发生了一个很大的误会,但我相信今天这个误会也解释得差不多了。如果有机会能让我重回岗位,我认为还是会双赢的"。

这位一手创立华晨的企业家不自觉地把自己放到了拯救者的位置上,他掏心地说,"现在要为这个企业止滑,需要的不是一般的手段,成本非常高,而且被救活的可能性只有百分之一……要是我真的有机会接手华晨,我会义无反顾,宁愿折寿减命,也要挽救它的'滑铁卢'"。

但他已经没有机会了,辽宁省政府很快向华晨派出了第五位管理者。2006年元月,大连市副市长祁玉民入主华晨,面对效益连年下滑、财务状况不断恶化的华晨,他颇感为难,"我来的时候华晨亏损近 4 亿元,工厂的生产状态几乎处于停滞,我是稀里糊涂上华晨来的,真像掉进火坑里一样"。尽管如此,作为一名作风强硬的管理者,祁玉民上任后励精图治,对企业管理和产品线进行了大刀阔斧的改革,试图挽回败局。无奈华晨病入膏肓,终究无力挣脱衰败的宿命,甚至被昔日的冤家一汽视为收购对象。

得知此事,仰融情绪激动,久久无法平复。这一年,他虚岁50,正值知天命之年,新获一女。美国洛杉矶,他亲手设计建造的宅子宽敞明亮,一家人安享天伦。他从古老的佛教教义中走出来,加入基督教教徒的行列。对于那个劳神费力的官司,仰融已经心绪释然。一路风雨兼程,他已明白唯有借助未来的商业,而非纠缠于过去的恩怨,才能走得更远,更坦然。

2006年年底,洛杉矶大雪纷飞,仰融在美国家中接到沈阳一个故人的电话,来电者自称"老符"。他在电话中向仰融分析国内外汽车业大趋势,放下一句话,"只有你出山,才能把全球汽车工业激起千层浪"。仰融不信,"我有这么大威力?""你不信,你走这条路,我不拿工资全心配合你。"[①]

"老符"就是符世枢,当年打造中华车,他就是仰融的"主心骨"。仰融遇事不决,都会问他,并且言听计从。如今经他这么一鼓动,热情马上来了。这年冬天,一个造车梦在仰融心中翻腾涌动。相比刚刚破碎的华晨帝国之梦,这一个更宏大、更广阔,也更惊人。三年后,人们才知道,承载这个梦想的,就是"正道"。

---

① 相关内容请参见《中国企业家》2010年2月记者杨婧撰写的《仰融:哀兵破釜》一文。

6

重出江湖

"正道"二字,是仰融为他的汽车取的新名字。他为这个梦想,一直隐忍了三年。

2009 年春夏之交,仰融隔空传音,把这个惊天计划告知国人,随即引起一股不小的骚动。正如本书开头所写的那样,这位久未露面的狂人和他的造车计划再一次成功地唤起人们的兴趣。一时间,关于仰融造车的传闻成为国内最热门的话题。

6 月,仰融发布《汽车项目书》,声称:"计划在美国投资 100 亿美元,达到 300 万辆产能;在中国,准备投入 400 亿至 450 亿元人民币,打造 300 万套发动机和 100 万辆整车产能基地。"

这个计划可谓一鸣惊人。2008 年,国内汽车销量达 938 万辆,2009 年前半年,这个数字是 609 万辆。仰融一出手就是 400 万辆,几乎占到国内汽车市场半壁江山,在很多人看来,无异于痴人说梦。

直到亲眼从照片上看到仰融身后流光溢彩的汽车,人们才相信他不是在开玩笑。照片上,仰融的小女儿手扶车窗,仔细打量着新车,而中华轿车的设计者乔治·亚罗站在一旁,额首不语。

这个情景定格于美国当地时间 2009 年 11 月 19 日,仰融和意大利设计公司正式签署造型和整车开发合同 6 小时之后。庆祝酒会在阿拉巴马州首府蒙哥马利一家酒店大厅举行,年届 80 的老乔治·亚罗亲自前往,并带来公司纪念40 周年设计的概念车。为示诚意,车前脸打上"正道"标志,一个与"中"字颇为相像的图案。

为圆轿车梦,仰融不仅二次联手老朋友乔治·亚罗,还请来另一个与华晨渊源颇深的世界顶尖公司,德国 FEV 发动机公司。

几年前,中华轿车在清华大学展出时,前去视察的一位官员曾向仰融推荐这家德国发动机企业,仰融对此铭记于心。造化弄人,后来中华轿车在发动机上辗转,华晨的几代管理者却几乎忘记此事。

不曾想,这恰恰成为仰融打造正道汽车的一个突破口。他和 FEV 公司签署发动机研发合同。后者负责研发并提供第三代内燃机技术,据说可以把天然气、电、汽油三种能源混合一体,整合到一个发动机平台,可以实现每升汽油行驶 300 公里、燃烧率 95％、接近零污染的诱人前景。

仰融又一次与时俱进地看到了节能汽车的广阔市场,因此才不惜花费巨额研发设计费。但这个极富想象力的方案却被国内同行视作"国际玩笑",除了博人一笑,无人当真。这一幕何其相似,遥想当年,仰融宣布造车时,同样被指责"不懂汽车",被引为笑柄。

如今,仰融造车路径与几年前几乎如出一辙,同样是以资本为杠杆,撬动全球优质资源。

除了聘请一流设计公司,委托设计造型、研发发动机,仰融还计划成立股权基金,收购并管理三家以上 A 股上市公司,以此打开国内造车计划的通道。面对无法避免的汽车目录,解决办法是拉地方政府入伙。据说,仰融已经谈好三个地方政府,"一个有目录,两个没有目录。有目录的我们生产整车,没有目录的作为核心配套生产基地"。

仰融还在极短时间内拉拢来一批顶尖技术人员,组建成令人叹为观止的"影子"团队。这个团队的核心人员全部都是博士学历,有着多年在通用、福特、克莱斯勒、宝马等国际大型汽车公司任职经历。除了军师符世枢外,几乎全部都是新面孔。整个团队囊括了工程、技术、管理等方面的高端人才,唯独不含金融、资本运作人员。

折戟华晨的经历,使金融成为仰融一个不可提及的伤痛,深藏于心底。似乎有意延续当年的梦想,"影子"团队风风火火赶回国内,一路走访长春、合肥、烟台、天津等城市,为正道汽车寻找产业基地。仰融说,"至少要有一个港口城市,最大可能是在天津、宁波两个城市间选择"。

除了当初未竟的罗孚项目,宁波还有一个他相当敬重的李书福。

2001 年,罗孚项目合作谈成后,仰融去宁波,顺便参观了李书福的汽车工厂。当他看到简陋的设备时,大为叹息道:"如果我们能够联手,这将是中国天大的笑话,李书福同志解决了汽车目录问题,而我仰融起点如此之高,搞到今天,目录对我来说还难于上青天!"李书福骨子里也很骄傲,称"仰融是个大金融家,有大思路"。但他口气淡淡,"我和他是两种不同的思路,很难彼此改变"。

9 年前,两人因做事方式不同而各走各路;9 年后,两人宿命般地又走到同一条路上来。

2010 年,李书福把沃尔沃收入囊中,从而有资格站在世界高度,开始新一轮造车战略。沉寂多年后,仰融重拾旧梦,宣布在中美两地同时造车。只不过,相比李书福,他必须从头开始。似乎不是这样的结局就不足以印证两人在造车路上的殊途同归。

　　2010 年春节过后不久，一位与仰融颇为熟稔的记者去洛杉矶采访他，发现仰融已经换了新发型。平头取代了多年的"大背头"，头发根根直立，神采飞扬，终于从僵化威严的形象中解脱出来，流露出洒脱自然的率性。

　　"我回归了。"仰融说，"你们都知道汽车行业是一条不归路，一旦选择了这条路可能这辈子就要交给这个行业。"说这话时，洛杉矶大雨倾盆，透过客厅宽大的落地窗户，可以看到白花花的冰雹从天而降，植物随风摇摆，一幅壮观的加州雨季图。

　　在这个方兴未艾的汽车大潮中，仰融布下又一个波谲云诡的谜局，风雨迷离，一切又将重新开始。

致谢

书稿即将交付之际，必须提及并感谢以下几人。

同事吴比，一年前的晚些时候，他的接纳和指点令我在心灰意冷之余重新找到写作的热情，他的《奔腾入海》与《温州样本》则使我意识到新闻写作之外另一种更有价值的劳动。本书正是在他的提议下动笔，他与另外两位同事于俊燕、纪永英的不断鼓励则令写作屡屡停顿之后得以继续。

三人在写作之外的帮助，我将一并铭记于心。

感谢编辑王留全，久闻他在业界声誉颇佳，能通过本书与他结缘实乃幸事。成稿过程中，他劳神费力，提出诸多指教，甚至特意来京指导，但因机缘巧合，北京大学校外的约会未能到场，深以为憾。

此外，本书写作过程中势必参考诸多资料，一一致谢。

作家吴晓波的《大败局》中的华晨案例发人深省，而吴比《奔腾入海》则为追述宏观商业环境变迁提供可能。另外，《中国企业家》、《财经》、《经济观察报》、《21世纪经济报道》以及《南方周末》是我喜欢的几份读物，它们关于仰融事迹的报道丰富翔实、深刻入木，某种程度上弥补了写作者不能到场的遗憾。

除此之外，《深圳商报》、《中国经营报》、《经济日报》、《中华工商时报》、《理财周刊》和《中国新闻周刊》等媒体关于仰融的报道，也提供了许多有益的片段和细节，成为本书写作的重要参考，一并谢过。

由于资料庞杂，不能详列，如有疏漏，同表谢意。

图书在版编目(CIP)数据

谜者仰融/博奇著. —杭州：浙江大学出版社，2011.6
ISBN 978-7-308-08626-4

Ⅰ.①谜… Ⅱ.①博… Ⅲ.①仰融—生平事迹
Ⅳ.①K825.38

中国版本图书馆 CIP 数据核字 (2011) 第 071224 号

谜者仰融

博　奇著

策　划　者	蓝狮子财经出版中心
责任编辑	王长刚
出版发行	浙江大学出版社
	（杭州市天目山路 148 号　邮政编码 310007）
	（网址：http://www.zjupress.com）
排　　版	杭州大漠照排印刷有限公司
印　　刷	杭州杭新印务有限公司
开　　本	710mm×1000mm　1/16
印　　张	15.75
字　　数	174 千
版印次	2011 年 6 月第 1 版　2011 年 6 月第 1 次印刷
书　　号	ISBN 978-7-308-08626-4
定　　价	39.00 元